JN209768

基礎からわかる 建築材料と維持管理の知識

小林敏男 著

鹿島出版会

はじめに ——「維持管理力」は建材の理解から!

　現在、5,200万戸に及ぶ戸建住宅やマンションのうち、築35年を超える住宅は1,300万戸以上に達する。今後相当数増えていく維持管理問題に対して、その知識や技術力をもった人材がますます求められよう。そうしたなか、建物の劣化や修繕をテーマとする書籍は多数出版されているものの、「なぜその建材が劣化するのか」、「劣化とはどのようなプロセスなのか」が理解できるものは少なく、多くは対症療法的である。

　本書は、建物のトラブルが起こった際に、その原因を建材の特性を理解することから突き止め、必要な維持管理、有効な対策を示す入門書である。トラブルの本質を知ることで、日々のチェックポイントや修繕工事のあり方など「維持管理力」をつけるのが狙いである。

　建物管理の初学者から、住民を含めたひろくマンション管理者が理解できるよう、筆者の実務や指導経験を元に、できるだけ専門用語を使わず、多少大胆でもわかりやすいたとえやイラストを用いて、読者の理解を助けたいと考えている。テーマによっては歴史的な背景などにも触れ、読み物としても興味をもっていただければと、わかりやすく書き下ろしたつもりである。

　本書は、建物に用いられる主要な建材であるコンクリート、プラスチック（高分子材料）、金属、木材、セラミックス、その他の材料篇でそれぞれ構成され、どのページから読み始めていただいてもよいように書かれている。気になるキーワードや項目からめくっていただき、本書が、読者の理解に役立つことを願う次第である。

『**基礎からわかる 建築材料と維持管理の知識**』

もくじ

3　金属篇

1

コンクリート篇

コンクリートとは何か

いわば「雷おこし」

● コンクリートとは何か

住宅、学校、オフィスビルやスーパーマーケット、道路や橋、ダムや港湾……。現代社会はすべてコンクリートの上に成り立っている、といっても決して過言ではありません[図1]。

しかし、実はコンクリートがどのような材料なのかはあまり詳しく知られておらず、正しい知識をもつ人は少ないのではないでしょうか。例えばコンクリートを襲う様々なトラブル──見苦しいひび割れ、止まらない漏水、壁に垂れた白い汚れ、錆の汚れ、危険極まりないタイルやコンクリート塊の落下事故……。なぜこんなトラブルが起きるのか？　その対応はどうすればいいのか？　コンクリートの性質を調べることで、対応策を考えたいと思います。

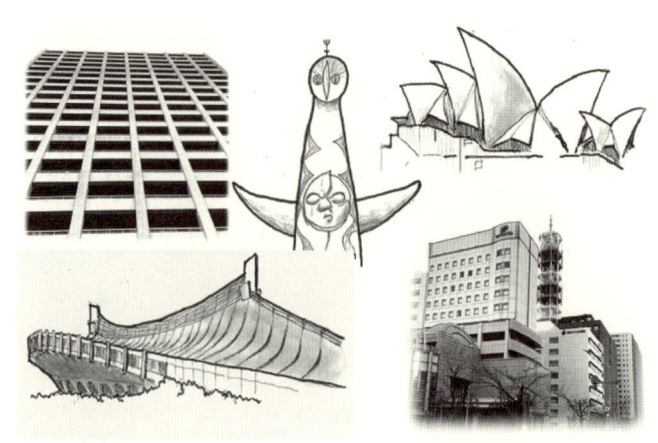

[図1] 身近なコンクリートの例

● 石や砂がくっつき固まったもの

英語のコンクリート（concreto）は、ラテン語で「いろいろなものがくっつき固まったもの」という意味を指すコンクレタス（concretus）という言葉が語源とされています。

身近なものでは江戸の伝統的な和菓子「**雷おこし**」のようなイメージです。おこしは炒ったお米などがくっついて固まっていますが、コンクリートは「石や砂がくっつき固まったもの」ということになります［図2］。

では、石や砂をくっつけている接着剤は何でしょうか？

おこしは砂糖を煮詰めたものが米粒どうしをくっつけていますが、コンクリートはセメント、正確にはそれを水と混ぜたセメントペーストが砂や石をくっつける役目をしています。

道路の舗装には**アスコン**と呼ばれるアスファルト・コンクリートが使われていますが、これは文字通りアスファルトで砕石をくっつけたものです。ですから、今私たちが考えているコンクリートは、正確にはセメント・コンクリートと呼ばれるべきで、セメントがコンクリートを成り立たせているのです。

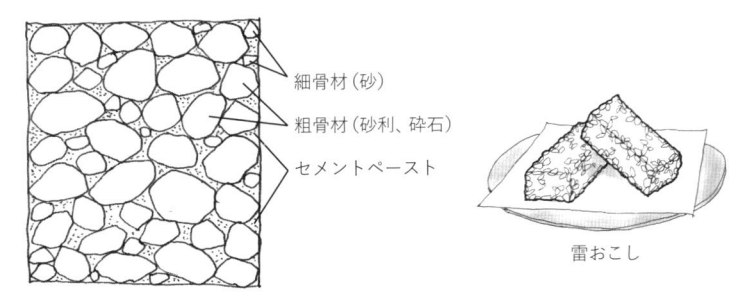

細骨材（砂）
粗骨材（砂利、砕石）
セメントペースト

雷おこし

［図2］コンクリートの断面イメージ。セメントが石や砂をくっつけている

セメントとは何か
セメントがコンクリートをつくっている

___

● セメントの主成分は石灰岩

コンクリートをつくっているセメントは、主に石灰岩と粘土などからできています。石灰岩は、太古の原始生物の遺骸が海底に堆積し、数億年かけて岩盤に変化したもので、主成分は炭酸カルシウム（$CaCO_3$）です。したがって、コンクリートとは生物由来の炭酸カルシウムの特性を使った技術、ともいえるのです。

セメントの中にはどんな成分が含まれているでしょう。

セメントの組成を円グラフにしてみると、酸化カルシウムと二酸化ケイ素が全体の大半を占めていることがわかります［図1］。

他にも、粘土に由来する酸化アルミ、酸化第二鉄、三酸化硫黄なども含まれています。

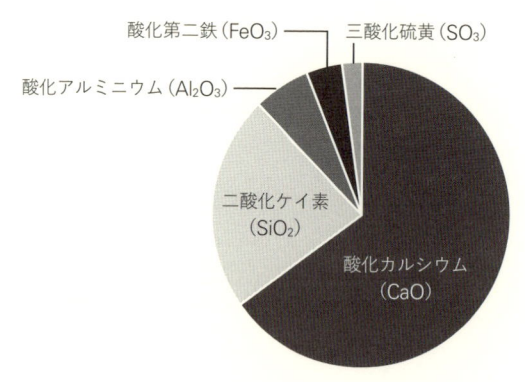

［図1］セメントの組成比率の例

● 酸化カルシウムと二酸化ケイ素

酸化カルシウム（CaO）は、石灰岩中の炭酸カルシウムが焼成された結果、生成される物質で、**生石灰**とも呼ばれます。水と激しく反応するので乾燥剤や除湿剤などとして使われますが［図2］、強アルカリ性を示すので取り扱いには注意が必要です。名前のよく似た**消石灰**とは別物です。

二酸化ケイ素（SiO_2）は、地殻中に大量に含まれる結晶状の物質で、別名シリカあるいは無水ケイ酸とも呼ばれます。

砂の主成分でもあり、ガラスの原料であるケイ砂や石英や水晶なども二酸化ケイ素からできています。

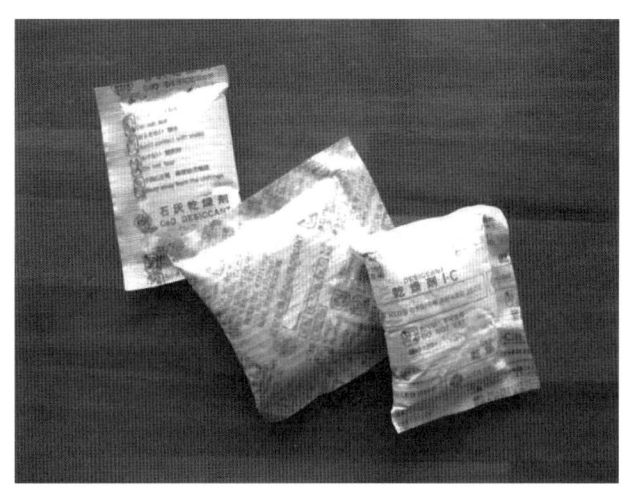

［図2］ 身近な酸化カルシウム（乾燥材）

セメントの製法と規格
ポルトランドセメントが主流

● セメントのつくり方

セメントの主要原料は石灰石です。日本では
非常にポピュラーな岩石であり、国内各地に
セメント工場がたくさん存在します。

セメントの製造技術は、1824年、イギリスの
J・アスプジンが特許取得したもので、製品名
を**ポルトランドセメント**と名付けています。
その手順はおおむね以下の通りです。

［図］セメント工場
（三菱マテリアル九州工場）

① 採掘された石灰岩を粘土などと混合し、あ
る程度の大きさに砕く

② サイロ状のプレヒーターに投入し、予熱する

③ 長大な回転窯を通し 1,450℃で約30分焼成し、クリンカーにする

④ 2 〜 3% の石膏を加え、クリンカーをボールミル*で微粉砕する

⑤ セパレーターで分粒し、10μm（0.01mm）以下にする

● セメントのJIS規格

製造時に、添加物・焼成温度・粒子のサイズなどを調整することで、様々な機能
や性能をもつセメントが製造されます。

JIS規格ではセメントは、固まる時間や発熱の度合いなどによって10ほどに分類
されます。それぞれ用途や施工条件によって使い分けられていますが、本書では
圧倒的多数を占める普通ポルトランドセメント（以降、単にセメントと表記）につ
いて述べていきます。

*大小の鉄球などが入った回転式の粉砕機

[表] セメント JIS 規格の一覧

ポルトランドセメント	普通ポルトランドセメント	最も汎用性の高いセメント。袋物の入手も容易で、小規模工事や左官用モルタルとして幅広く使われる。国内で使用されるセメントの約70%を占める
	早強ポルトランドセメント	セメント粒子を細かく砕き水との接触面を増やしたり、初期強度発現に優れる成分を増やして短期間で高い強度を発現するようにしたセメント。普通ポルトランドセメントが3日で発揮する強さを1日で発揮する
	超早強ポルトランドセメント	早強ポルトランドセメントよりも、さらに短期間で強度を発揮するセメント。普通ポルトランドセメントが7日で発揮する強さを1日で発揮でき、主に緊急補修用などに使われる
	中庸熱ポルトランドセメント	ダムなど体積の大きな構造物（マスコンクリート）の工事用に、水和熱を低くするよう成分調整を行ったセメント。(1)長期強度に優れる (2)乾燥収縮が小さい (3)硫酸塩に対する抵抗性が大きいなどの特徴がある
	低熱ポルトランドセメント	中庸熱ポルトランドセメントよりさらに水和熱が低いセメント。材齢初期の圧縮強さは低いが、長期でみると強さを発揮する特徴をもち、コンクリートの高強度化および高流動化に対応している
	耐硫酸塩ポルトランドセメント	セメントの成分のうち、硫酸塩に対する抵抗性が弱いものを極力少なくしたセメント。海水中や温泉地近くの工事、あるいは下水・工場廃水に関わる工事に使われる
混合セメント	高炉セメント	製鉄所から出る高炉スラグの微粉末を混合したセメント。長期強度の増進が大きく、耐海水性や化学抵抗性に優れる。「ゆっくり固まる」ので、とくに初期の養生を入念に行う必要がある。ダムや港湾など大型土木工事に使用される
	フライアッシュセメント	火力発電所で石炭の燃焼時に発生するフライアッシュ（微粉状の石炭灰）を混合したセメント。良質なフライアッシュは球形なのでコンクリートの施工性が向上する。ダムや港湾など大型工事、水密性が必要な構造物に使用される
	シリカセメント	天然のシリカ質混合材を混合したセメント。シリカ質混合材は、二酸化ケイ素 SiO_2 を60%以上含む物質を指す。耐薬品性に優れるが、初期強度が低く強度発揮に時間がかかるため、主にコンクリート製品に使われる。
上記以外のセメント	エコセメント	廃棄物問題の解決を目指し開発されたもので、廃棄物の焼却灰を使用する。2002年に JIS 規格化され、エコセメント1tにつき、原料として廃棄物を500kg以上用いることが規定された。性能は普通ポルトランドセメントとほぼ同等

04

セメント・モルタル・コンクリート
混ぜるものが変わると名前が変わる

● セメントペースト

セメントは、混ぜるものの違いで名前を変え、いろいろな用途に使われます[図1]。
まず、セメントを水と混ぜたものが**セメントペースト**です。建築の仕事でも、左官屋さんが小さな穴埋めなど補修作業に使いますし、タイル屋さんが接着剤代わりに使うこともあります。

● モルタル

次に、セメントペーストに砂を混ぜたものを**モルタル**といいます。壁や床を仕上げる材料、タイルや石を張る下地、レンガやブロック積みなどの接着材としてなど、幅広く使われます。

● コンクリート

そして、砂だけでなく、砂利や砕石を混ぜたものがここで扱うコンクリートで、最も強度が大きくなります。

● 細骨材と粗骨材

コンクリートに入れる石や砂などのことを、**骨材**と呼びます。
径の大きなものを粗骨材、砂を細骨材と区別しています。[*]
したがってコンクリートとは、セメントペーストが糊の役目をして細骨材や粗骨材をくっつけているものということになります。

＊大まかにいえば5mm以上を粗骨材、5mm以下が細骨材

● 人工軽量骨材

コンクリートには重いという弱点がありますが、この問題の解決のため、骨材を軽くした**人工軽量骨材**が開発され、高層ビル建築など軽量化が必要な場合に使われます［図2］。

人工軽量骨材は、膨張頁岩などを焼成してつくられます。内部は発泡して空隙があるのに、表面は緻密なガラス質で覆われており、骨材としては軽くてしかも高強度という特徴があります。

これを使ってつくられたコンクリートが、軽量コンクリートです。

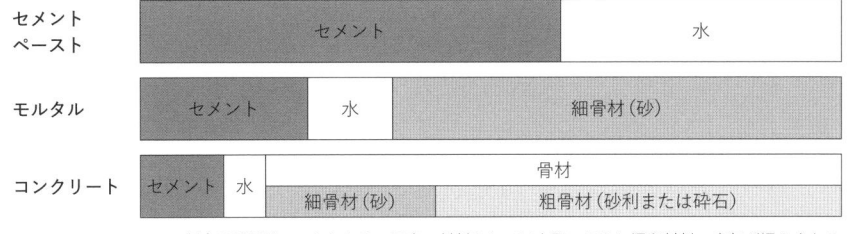

＊割合は重量比で、おおよその目安。材料としては上記のほかに混和材料・空気が混入される

［図1］セメントペースト・モルタル・コンクリートの組成グラフ

粗骨材
（膨張頁岩系）

粗骨材の断面
（膨張頁岩系）

細骨材
（膨張頁岩系）

［図2］人工軽量骨材　　　　　　　　　　　（出典：日本人工軽量骨材協会ウェブサイト）

コンクリートの硬化 (1) 水和反応

「泥団子」ではない

● 水和反応がコンクリートの硬さをつくり出す

なぜコンクリートは固まるのでしょうか？

ときどき勘違いされていますが、コンクリートは「泥団子」のように、ただ乾燥して固まっているのではありません。実は水和反応という化学反応によるものなのです。セメントを構成する酸化カルシウムや二酸化ケイ素といった化合物が、水と反応してケイ酸カルシウムや水酸化カルシウムといった水和物という新しい化合物をつくり、これらの結晶によって骨材間の隙間が埋められて、**凝結**そして**硬化**という現象が起こり、徐々に硬さが増すのです。

● 水和物は強アルカリ性

水和反応によって生成される水和物は、pH12前後の**強アルカリ性**を示します。このことは後述しますが、鉄筋コンクリート構造を成り立たせる大事な特性です。ところが、水和物がコンクリートの硬化を促す一方で、後述する**白華（エフロレッセンス）**というトラブルの要因にもなっているのです。

● 石膏が時間稼ぎ

セメントが水と混ざると、真っ先にセメント成分の中の石膏が水と反応し、セメント粒子の周りに結晶状の**水和物（エトリンガイト）**をつくります［図1］。これがバリヤーとなって、以後の水和反応のスピードを制御し、コンクリートの硬化開始をコントロールしてくれます。

つまり、生コンプラントから現場に運ぶ時間や、コンクリート打設作業にかかる時間を稼いでくれるのです。

セメント製造時に2〜3％の石膏を加えるのはこのためです。

● 凝結の始まり

水とセメントが混ざり合ってからおおむね1〜3時間後、石膏以外の成分による水和反応が本格化します。セメント粒子の周りに水和物の結晶がどんどん成長し、やがて凝結という現象が起こるのです。

まだ固まっているわけではないのですが、増加する水和物が立体的に絡み合い、セメントペーストの流動性がなくなってくる現象です。

水和物の形状は、細い針状やごく薄い板状のものなどいろいろです［図2］。

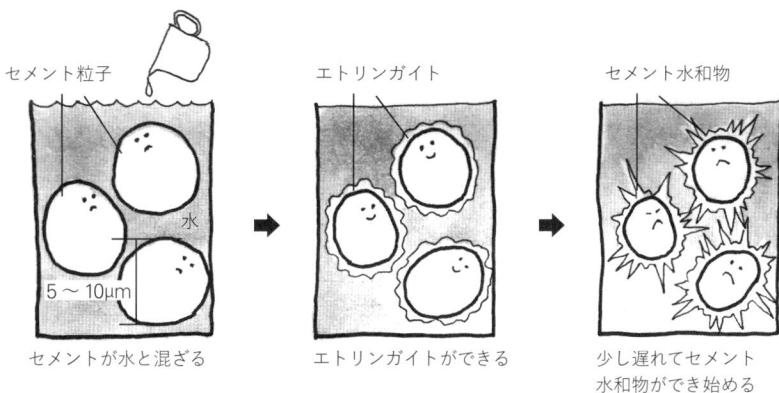

セメント粒子　　　　エトリンガイト　　　　セメント水和物

水

5〜10μm

セメントが水と混ざる　　エトリンガイトができる　　少し遅れてセメント
水和物ができ始める

［図1］セメントの水和反応初期のイメージ

5μm

（出典：太平洋コンサルタント ウェブサイト）

［図2］水和物の電子顕微鏡写真

1 コンクリート篇
2 プラスチック篇
3 金属篇
4 木材篇
5 セラミックス篇
6 その他篇

06

コンクリートの硬化（2）乾燥収縮

狙った硬さまで4週間

● 水和熱の発生

凝結が起こるあたりから、コンクリートは発熱を始めます。

一般に化学反応は発熱あるいは吸熱を伴いますが、水和反応は発熱を起こします。発生する熱を**水和熱**と呼びます。

● 凝結から硬化へ

時間が経過するにつれ水和物が成長して増加し、絡み合いが密になり、やがて**硬化の段階**に移ります。

水和反応により水が使われ、セメント粒子も徐々に小さくなりますが、こうして生まれた空隙を水和物の結晶が埋めている状態です。ただし凝結と硬化には明確な境はありませんし、水和反応が続く限り発熱も続いています。この頃気温の上昇などで急激な乾燥が起こると、水和反応に必要な水が不足し、床などでは表面に亀の甲羅状にひび割れたりすることがあります。

● 狙った硬さまで4週間

水和物が3次元的にがっちり結合し、水や空気に置き換わってさらに硬化が進みます。一般的にコンクリートの打設後、設計強度に達するのはおよそ**約4週間後**で、この頃には大きな発熱は収まりますが、水和反応はスピードが落ちても続いています。

● 水分の移動

水和反応が終盤に近づくと、必要のない水分（余剰水）は徐々にコンクリート表面近くに移動し、蒸発していきます［図］。

これによりコンクリート中にはごく細かい**空隙**が発生します。

コンクリートが完全に乾燥するには、極めて長い時間がかかります。

床や壁のように薄い板状なのか、大きな基礎なのか、地中にあるのか、空気に触れる場所なのか、コンクリートの形状や環境条件によって乾燥にかかる時間は大きく異なります。

● 水の蒸発から乾燥収縮へ

コンクリート中に残された大量で微細な空隙は、やがて**乾燥収縮**を引き起こし、これがコンクリートの**収縮ひび割れ**の要因になるとされています[*]。つまり、コンクリートの乾燥収縮とそれによって起こるひび割れは、コンクリートに必要な水分に起因する、いわば宿命的なものと考えられます。

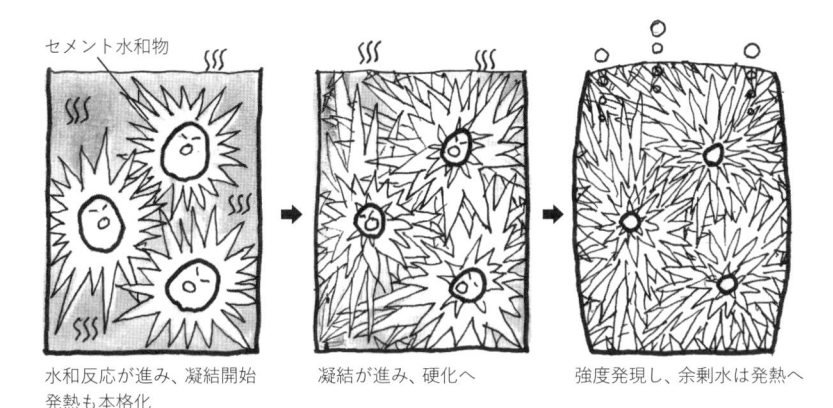

セメント水和物

水和反応が進み、凝結開始
発熱も本格化

凝結が進み、硬化へ

強度発現し、余剰水は発熱へ

［図］凝結から硬化へ

＊微細な空隙が乾燥収縮につながる理由について、有力な毛細管張力説ほか諸説がある

コンクリートに使われる水の量

硬化と流動性

● 硬化に必要な水

コンクリートに必要な水の量について調べてみましょう。

一般的に建築工事によく使われるコンクリート（21N/mm²、1cm²あたり約210kg
の荷重をかけてもつぶれない硬さのコンクリート）で、水和反応のために必要な水
量は、セメント質量の約45%とされています。

● 流動性のための水

ところが実際には、60%近い水が使われていることが多いのです。プラントでつ
くった生コンを現場に運び、指定の位置に流し込み、平滑に仕上げる作業などのた
め、ある程度の**流動性**が必要なためで＊、このために15%ほど多い水が使われます。
上記条件の生コン1m³当たり約40ℓに相当します。

● 余剰水の動き

コンクリートが型枠にセットされ、水和反応が始まると、流動化のための水は不
要となります。水和反応中のコンクリートでは、水は骨材や水和物の隙間に存在
していますが、不要な水はコンクリート表面から順次蒸発を続け、中心部の水も
徐々に表面近くへ移動していきます。この不要な水は**余剰水**、あるいはその性格
から**自由水**とも呼ばれます。

築後間もないコンクリート造の建物では、換気が不十分な場所は湿度が高く、カ
ビが生えやすくなりますが、それはこの余剰水の蒸発が長く続くからです。

特に新しい建物では換気に注意が必要です。

＊これらの作業のしやすさを生コンクリートのワーカビリティ（workability）という

● 無数の細かい気泡が残される

1m³あたり約40ℓの余剰水は、コンクリート打設の段階で、型枠から染み出たり蒸発したりしますので、これが全部コンクリートの中に残るわけではありません。しかし相当の量の水がコンクリート中に残り、いずれ蒸発していくことになります。

水が蒸発した後には、微細な気泡状の空隙が無数に残ります。

仮に余剰水の2分の1が蒸発したとすれば、20ℓ（体積にして約2％）の空隙が生まれることになり、これが体積減少を引き起こす要因とされています。

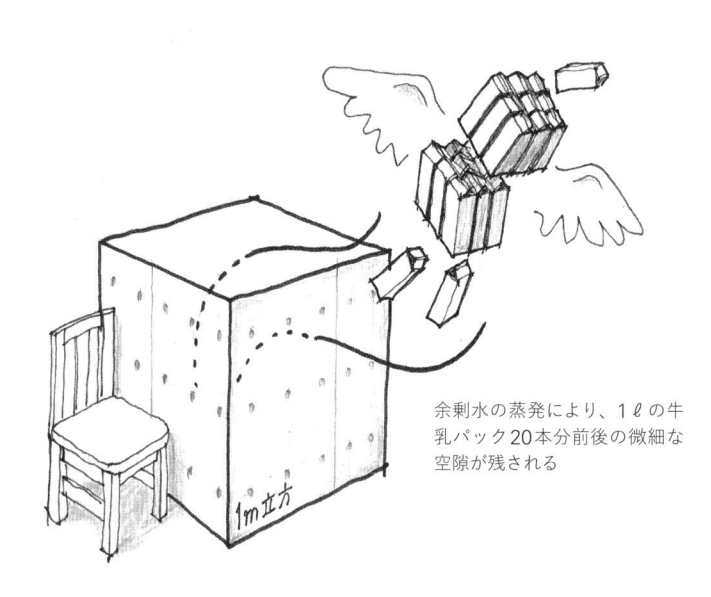

余剰水の蒸発により、1ℓの牛乳パック20本分前後の微細な空隙が残される

［図］コンクリート1m³中の余剰水量イメージ

コンクリートのひび割れ（1）収縮
数々の防止策

● 各業界で収縮ひび割れ防止対策

コンクリート中の水が引き起こす、ある種宿命でもある**収縮ひび割れ**を減少させるため、セメント・コンクリート業界あるいは建築設計・施工の分野など、様々な機関で対策が工夫され、条件に合う方法が採用されています。

①コンクリート中の水を減らす方法

生コンの中に、減水効果や一時的に流動性を高める効果のある薬品を添加し、使用水量を減らすことが一般的に行われています。

界面活性剤でセメント粒子を分散させたり、微細な空気の泡を発生させボールベアリング効果で流動性を高めたりするものです。

②ひび割れを誘導する方法

ひび割れの発生を抑え込むのではなく、あらかじめ決めた場所に発生させる考え方で、**ひび割れ誘導目地**を設計段階で計画します。

デザイン的な配慮と共に、ひび割れても漏水しないようシーリングなどの止水処理もしておきます［図1］。

［図1］壁ひび割れ誘発目地の例

③無害な細いひび割れに分散させる方法

開口部の角や貫通配管の周りなど、ひび割れの発生しやすい場所の鉄筋量を増や

し、多数の無害な微小なひび割れに分散させる方法で、ごく一般的に採用されます。この鉄筋を**開口補強筋**と呼びます［図2］。

④PC工法
現場で躯体コンクリートを打設する在来方法でなく、管理された工場で製作したPC部材を現場で組み立てる方法です。躯体をパーツとして製造するので、水分を抑えた硬めのコンクリートが使え、養生や管理も行き届きます。

⑤PS工法
PC部材の中にさや管入りのワイヤーを仕込み、コンクリート打設後に油圧で緊張して圧縮力を導入する方法です。ひび割れを抑える効果はもちろんですが、長大スパンへの対応も可能となり、橋梁など土木構造物でも多く採用されています。

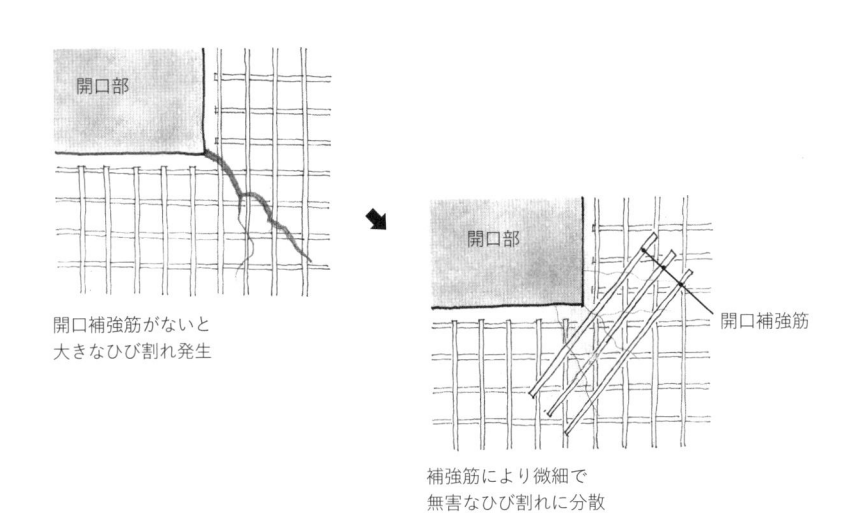

開口部

開口補強筋がないと
大きなひび割れ発生

開口部

開口補強筋

補強筋により微細で
無害なひび割れに分散

［図2］開口補強筋によるひび割れ分散効果

コンクリートのひび割れ(2) 温度・設計

様々な理由

● ひび割れは複合要因

コンクリートひび割れの原因は、乾燥収縮以外にも多くの原因があり、主なものは下記の通りです。

しかし現実には、複数の原因が複合して起こることが多く、補修を伴うようなトラブルになった場合、原因を明らかにすることは非常に困難なのが実情です。

● 温度ひび割れ

コンクリート内部は水和熱によって高温になり、一時的にコンクリートは膨張します。時間が経過すると温度は低下し、コンクリートは収縮しますが、底部や側面が先行したコンクリートなどで拘束されている場合、内部にひび割れが発生します。主に大量のコンクリート使用時に起こる現象です。

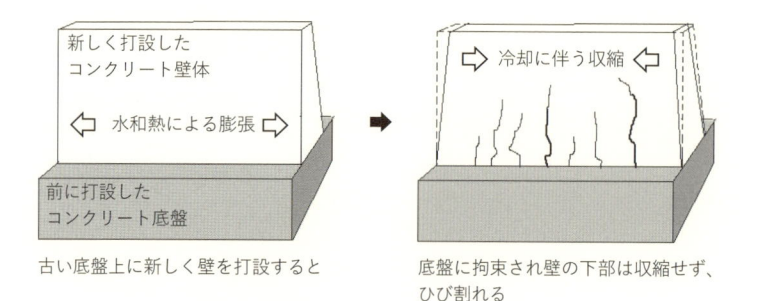

古い底盤上に新しく壁を打設すると　　　　　　底盤に拘束され壁の下部は収縮せず、
　　　　　　　　　　　　　　　　　　　　　　　ひび割れる

［図1］温度ひび割れ発生のメカニズム（擁壁などの例）

● 設計上の理由によるひび割れ

地盤調査の不備、基礎を含む構造方式の不適切な選定、建物全体の配置のアンバランスなど、基本設計の時点でひび割れの要因が生まれることもあります。**エクスパンションジョイント**と呼ばれる、関節のような役目をもつ接合部の設置を怠ったりするケースです。

壁の厚さ不足、鉄筋量の不足、窓など開口部の間隔の不足、ひび割れ誘導対策の無視や不備など、実施設計段階での問題も少なくありません。これらは施工段階でチェックされ是正されるべきですが、そのまま進んでしまう場合も少なくありません。

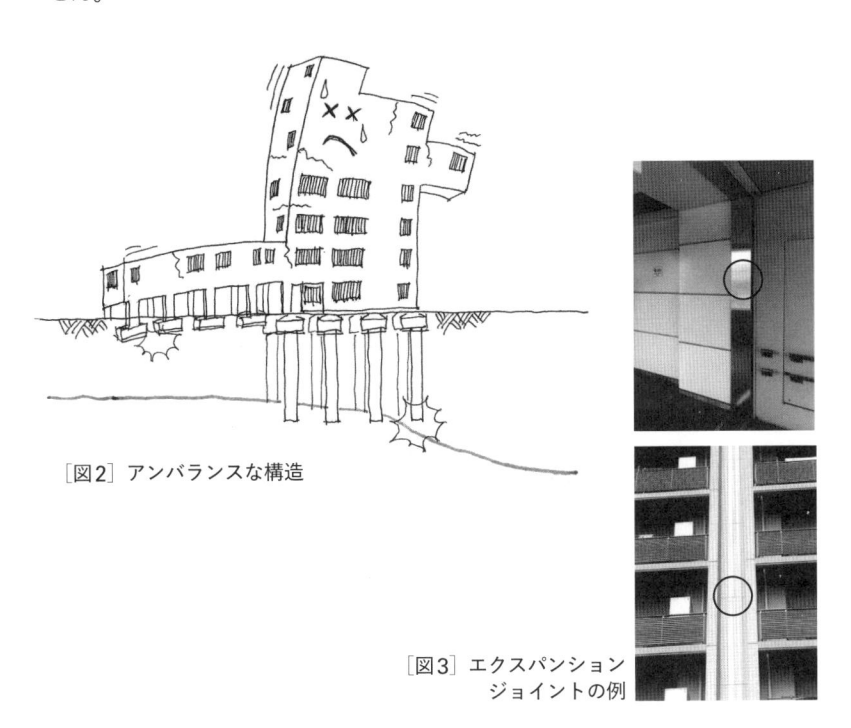

［図2］アンバランスな構造

［図3］エクスパンション
　　　　ジョイントの例

コンクリートのひび割れ（3）施工
これらが複合して発生

● 施工上の理由によるひび割れ

①コールドジョイント

コンクリートを何回かに分けて打設する場合、壁や柱などの垂直面で、打継ぎ線が発生します。このとき十分な処理が行われないと、コンクリートにすき間や豆板状の欠陥を含む不連続な面ができ、後日ひび割れの大きな原因となります。このひび割れを**コールドジョイント**と呼びます［図1］。

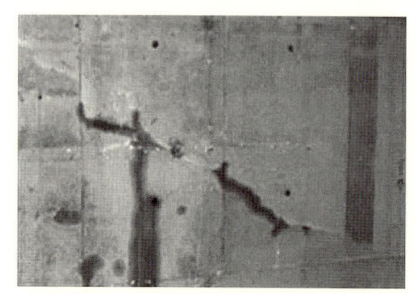

（出典：日本コンクリート工学会ウェブサイト）

［図1］ コールドジョイント

②ブリージング*に伴う沈降ひび割れ

主にコンクリート打設後まもなく、床などの鉄筋の上部や、下のコンクリートの厚さが異なる場所に、線状にひび割れが入るものです。これを**沈降ひび割れ**といいます。

コンクリートの沈降が鉄筋などで拘束されたり、沈降度合いが異なったりすることが原因です。打設作業の最後に床を仕上げる際、タンピングなどで処理しますが、対応が遅れると残ってしまいます［図2］。

③杭あるいは構造体の施工不良

非常にまれですが、地中に施工した杭の先端が支持地盤に届いていなかったり、構

---

*コンクリートの打設後に重い骨材が沈降し内部の水分が上昇する現象

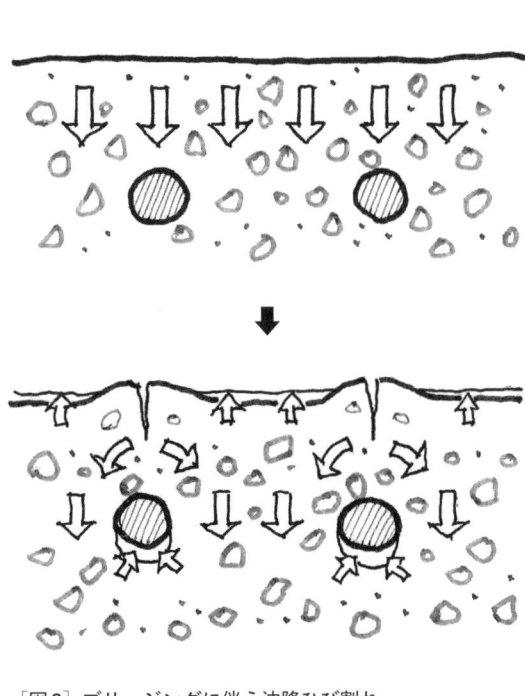

［図2］ブリージングに伴う沈降ひび割れ

造体の施工に重大なミスがあったりすると、ひび割れが発生することがあります。大きな地震などが引き金になり、顕在化する例もあります。

④養生不良や早期の型枠解体

コンクリート打設後、強度発現に最適な環境を維持する作業を、コンクリート**養生**といいますが、これが不足するとひび割れの要因になります。床や梁の強度が十分に出ないうちに、型枠支保工を外すなどの行為も、大きな要因の1つです。

コンクリートのひび割れ（4）形状

亀甲状や貫通の深さに注意

● 形状や外観を見る

原因は何であれ、そのひび割れが有害なものか、補修を必要とするのかを判断するには、どうすればよいでしょうか？

まず、ひび割れの形状や幅、あるいは発生経緯などを、よく観察し把握することです。間隔を置いて長期的に観察することも大切です。

築年数が浅い場合、経年と共にひび割れが進行してその幅が広がったり、以前なかった場所に新たに発生することもあるからです。

● プラスチックひび割れ（亀甲クラック）

コンクリート打設後、まだ十分に硬化しないうちに、急激な温度上昇などで表面が乾燥すると起こるひび割れを**亀甲クラック**といいます。

夏場のスラブ（床版）コンクリート打設時に多く見られ、比較的表面近くだけが亀の甲羅のように細かく不規則にひび割れます。

多くは仕上げや防水層でカバーされますが、防水や美観の問題がなければ、放置するという選択肢もあります。

［図1］プラスチックひび割れ
　　　（亀甲クラック）の例

日光の直射などで温度上昇し、
表面の水分が急激に蒸発

表面が乾燥し、
亀の甲羅状の
ひび割れが発生

プラスチックひび割れ

乾燥収縮

鉄筋

硬化中のコンクリート

［図2］ プラスチックひび割れ発生のイメージ

● **構造クラック**

壁・床版・梁など、部材の裏側まで貫通するひび割れを**構造クラック**といいます。大地震や地盤の不同沈下など、重大な要因が影響して顕在化するケースも多く、大掛かりな補強や改修を伴うこともあります。構造設計者など専門家による詳しい調査をお勧めします（→34ページも参照）。

中には、比較的安全な収縮ひび割れが集中し、地震などの外力に抵抗しきれず構造クラック化するケースもあり、これらは必ず構造設計者の判断が必要です。

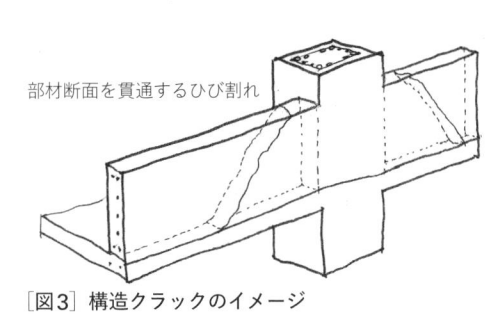

部材断面を貫通するひび割れ

［図3］ 構造クラックのイメージ

コンクリートのひび割れ(5)大きさ
水の浸入がないか

● ひび割れ幅を測定する

クラックスケール［図1］などを使って、ひび割れ幅を測定します。

外壁など雨掛かりの場所では、ひび割れ幅が **0.1 ～ 0.2mm** を超えると水が浸入するおそれがあり、何らかの処置が必要です。

測定時はそれ以下の数値であっても、前述の通りひび割れ幅は経年により変化することがあり、継続的な観察が必要です。

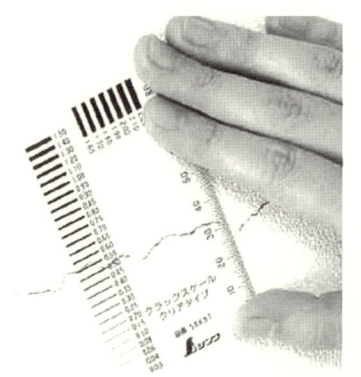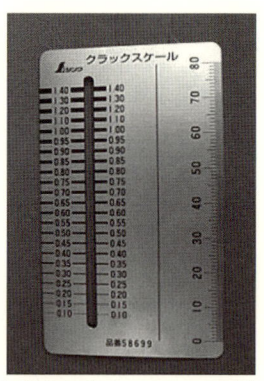

(左：透明タイプ、右：ステンレス製)

［図1］市販クラックスケールの例

● 連続した長いひび割れは要注意

構造クラックは「部材を貫通する」ひび割れですが、現実には部材の裏側は観察できないことが多く、一次判断は難しいことが多いと考えられます。片面だけの観

察でも、幅の比較的大きい（0.1mm以上）ひび割れが、部材を横断するように長く連続していたら、構造クラックを疑ったほうがいいかもしれません［図2］。

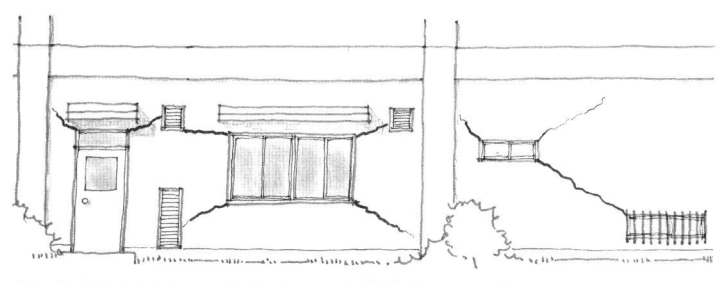

［図2］連続した長いひび割れイメージ（準構造クラック）

● 水が浸入した形跡を見る

ひび割れから白っぽい汚れが垂れていれば、どこかからコンクリート内部に水が浸入していることを示しています。汚れが褐色であれば、すでに水が鉄筋に達し、錆を発生させている可能性があります。

これらは外観上も問題であり、また構造的に悪影響を及ぼす可能性があるので、水の浸入ルートを突き止め、防水処理の上、補修することが必要です［図3］（→36ページ、エフロレッセンスの項参照）。

［図3］エフロレッセンスの例

13

コンクリートのひび割れ（6）補修

程度による処理方法の違い

● **構造クラックやそれに準ずるひび割れ**

前述した通り、構造クラックやそれに準ずるひび割れは、構造設計者など専門家の判断が求められます。ダメージの程度にもよりますが、コンクリートの打ち直しなど根本的な補強が必要な場合もあり得ます。

比較的軽微な場合でも、基本的にはひび割れを完全にふさぎ、コンクリートを一体化することが原則です。

ひび割れ内部まで浸透する流動性をもった、エポキシ樹脂などの接着剤を、圧力をかけて注入する**充填工法**などが採用されます［図1］。

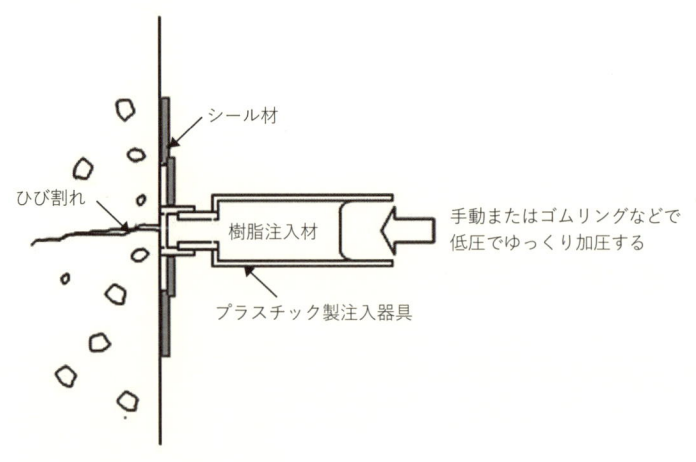

［図1］樹脂注入（充填）工法のイメージ

● 水が浸入するおそれのあるひび割れ

ひび割れ線に沿って、断面がV字あるいはU字型の溝を掘り、シーリング材を充填します。将来ひび割れ幅が変動してもシールが破断しないよう、適切な断面（幅と深さ）の溝が必要です。変動が軽微と予測されればVカット、シール材をしっかり充填するならUカットという使い分けです［図2］。

補修跡が外観上問題になる場所であれば、対象の壁一面を弾性塗料などで仕上げることもあります。また、割れが深ければ、注入など構造クラックに準じた処理も必要です。

● 軽微なひび割れ

乾燥収縮のみが原因と考えられる軽微なひび割れは、水が浸入しない場合、ほぼ無害ともいえます。意匠的に対策が必要であれば、ある程度厚みのある弾性塗料の塗布などが考えられます。将来ひび割れ幅が変動した場合、通常の薄い塗装では対応できないからです。

1 コンクリート篇

2 プラスチック篇

3 金属篇

4 木材篇

5 セラミックス篇

6 その他篇

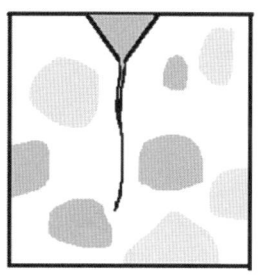

Vカット目地
（ひび割れ幅が比較的狭く、
　変動しない場合）

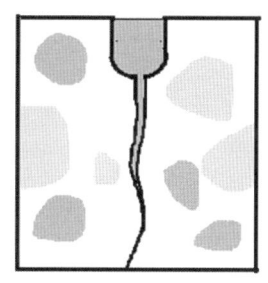

Uカット目地
（ひび割れ幅が広い、
　または変動する場合）

［図2］Vカット目地とUカット目地

エフロレッセンス

色に注意

● エフロレッセンスは鍾乳石と同じもの

ひび割れの中には、白い汚れが垂れ下がっている場合があります。**エフロレッセンス（エフロ、白華）**と呼ばれる現象で、よく見かけるコンクリートのトラブルの1つです。

ひび割れから入った水によって、コンクリート中の水和物が溶け出して表面に移動し、大気中の炭酸ガスと反応して水に溶けない（不溶性）の物質に変化し、白く固着したものです。

主な成分は、炭酸カルシウムやケイ酸カルシウムなどで、鍾乳洞に垂れ下がる鍾乳石とまったく同じものです。

［図1］エフロの実例

● 褐色のエフロは鉄筋腐食のサイン

エフロの中には、褐色に変色しているものもあります。

これは水が内部の鉄筋などに触れてきたことを示しており、その鉄筋などが錆び始めた証拠です。将来、爆裂事故につながることも考えられるので、至急に対応することが必要です。

● 元から断たなきゃダメ！　ですが……

エフロの汚れそのものは、ワイヤーブラシや弱酸性の薬品を使い慎重に作業すれ

ば、除去することが可能です。

しかしエフロは水の浸入が続く限り発生するので、本質的な対策としては、まず**水の浸入を止める**ことが重要です。

ですが、一般的に雨漏りや地下水などの漏水経路を突き止めることは、実は大変難しいことが多いのです。

外壁がタイル仕上げなどの場合、目地シールの劣化や張りモルタルの浮きなどの問題も関係し、より複雑になります。

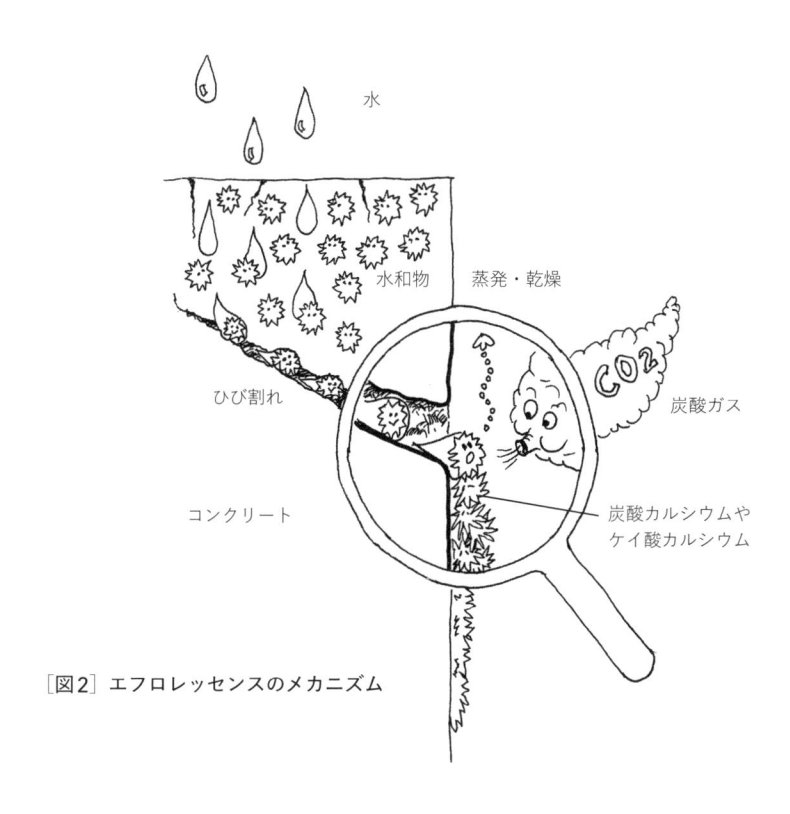

水

水和物

蒸発・乾燥

ひび割れ

コンクリート

CO_2

炭酸ガス

炭酸カルシウムや
ケイ酸カルシウム

［図2］エフロレッセンスのメカニズム

コンクリートの剥離

爆裂や中性化

● 鉄筋の爆裂事故

高架橋や高いビルから、コンクリートの塊が
落下した、というニュースを見ることがありま
す。もしも下に人がいて直撃したら、重大な
災害につながる、恐ろしいトラブルです。

その原因の多くは、コンクリート構造物中の
鉄筋が錆びて膨張し、周りのコンクリートが
剥がれ落ちる、**爆裂**と呼ばれる現象です。

［図1］爆裂を起こした実例

● 中性化とは

鉄筋コンクリート造は、アルカリ性のコンクリートが鉄筋を覆い、錆から守るこ
とで成り立っている構造です。

しかしコンクリートは、空気中の炭酸ガスの影響で、表面から中に向かって徐々
にアルカリ性を失っていく性質があり、これをコンクリートの**中性化**といいます。

● 鉄筋爆裂の危機も

鉄筋の近くまで中性化が進むと、もし水があれば鉄筋は一気に錆び始めます。鉄
は錆びると体積が約2.5倍に膨張するので、やがて周囲のコンクリートを静かに、
しかし強い力で押し出し（錆押し）、コンクリート片が剥落する爆裂といわれる事
態に進みます。

安全上大きな問題であり、建物の強度低下のサインでもあるので、定期的な調査
により、予兆の段階で発見したいトラブルです。

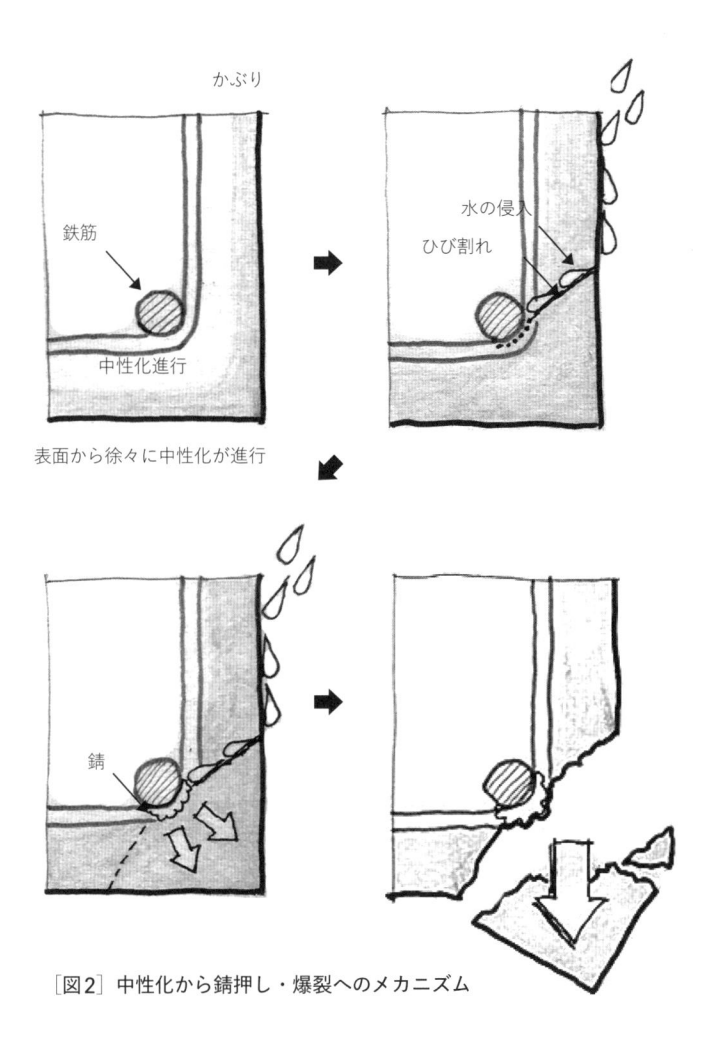

かぶり

鉄筋

中性化進行

表面から徐々に中性化が進行

水の侵入

ひび割れ

錆

［図2］中性化から錆押し・爆裂へのメカニズム

コンクリートの中性化対策

進行を遅らせること

● 意外に速い中性化のスピード

中性化の進む速さは、コンクリート打ち放しの場合、大雑把に65年で30mm進行するといわれています。当然深いところでは進行は遅れますが、逆に表面では1年で1mm進むという報告もあり、中性化は意外に速く進むという認識が必要です。タイル張りや塗装などの仕上げがある場合、外気から遮断されるので、中性化の進行速度は遅くなります。

● 表面から鉄筋までのコンクリートの厚さ

そこで、表面から鉄筋までの距離が重要だということがわかります。これを鉄筋の**被り**といい、コンクリート工事の重要な管理点の1つとして、法律でも細かく規定されています。

しかし様々な理由から、十分な被りが確保されていない構造物も多く存在し、冒頭のような事故が後を絶たないのが実情です。

● 進行を遅らせる対策

コンクリートの中性化を完全に防止することは困難ですが、進行を遅らせることは可能です。コンクリートの表面に、空気と遮断する仕上げ層を設けることです。仮に打ち放しコンクリートであっても、透明な塗膜などで表面を空気から遮断することが望ましいと思います。

ただしこれらの保護層自体の劣化も進むので、定期的な更新が必要です。

● 中性化進行後の対策

既に中性化が進行し、錆押しが起きた後の対策としては、まず中性化部分をはぎ

取り、鉄筋の錆を完全に処理した上で、コンクリートと同等以上の性能をもつ樹脂モルタルなどで復元することになります。

中性化が進んでも、水が鉄筋に達しなければ錆押しは起きないので、防水処理だけで済む場合もあります。

[表] かぶり厚さの基準（日本建築学会建築工事標準仕様書より）　（cm以外の単位はmm）

部位			設計かぶり厚さ		最小かぶり厚さ		建築基準法施工例かぶり厚さの規定
			仕上げあり	仕上げなし	仕上げあり	仕上げなし	
土に接しない部分	屋根スラブ 床スラブ 非耐力壁	屋内	30以上	30以上	20以上	20以上	2cm以上
		屋外		40以上		30以上	
	柱 梁 耐力壁	屋内	40以上		30以上		
		屋外		50以上		40以上	
	擁壁		—	50以上	40以上	40以上	—
土に接する部分	柱・梁・床スラブ・壁・布基礎の立ち上がり			50以上	40以上	40以上	4cm以上
	基礎・擁壁		70以上		60以上	60以上	6cm以上

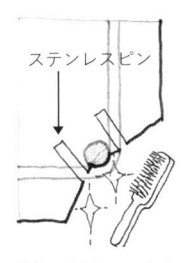

ステンレスピン

鉄筋の錆やコンクリート脆弱部を完全に落としステンレスピンを打つ

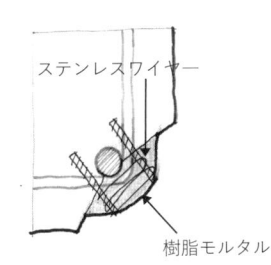

ステンレスワイヤー

樹脂モルタル

ピンにステンレスワイヤを固定し樹脂モルタルなどで下塗り

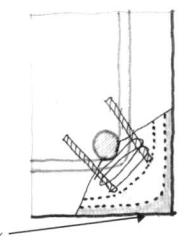

樹脂モルタルなどで数回に分けて仕上げ整形する

[図] 錆押し進行後の補修方法（イメージ）

コンクリートのトラブル原因

「責任者出てこい！」となる前に

コンクリートのトラブルについて、ここまで述べてきましたが、さらにその発生する背景も加えて原因を整理してみましょう。

● コンクリートの宿命的性質

コンクリートは、セメントの成分が関係する収縮ひび割れと中性化の進行という宿命的な性質をもっています。

有害なひび割れや、それに起因する漏水・エフロなどのトラブルを放置すると、爆裂など致命的な事故につながりかねません。

● 防止基準は整備済み

有害なひび割れの発生防止や低減に向け、コンクリートの配合や被りあるいは鉄筋配置について様々な基準が設定され、それに従えば一定期間（建物の想定使用期限）は問題が起こりにくいとされています。多くの施工業者も独自の作業基準をつくり、社員教育を行ってトラブル防止に努めています。

● 認識不足や教育不足で基準軽視

設計段階あるいは施工段階でこれらが軽視されると、問題を抱えた状態で建物ができ上がり、条件によっては意外に早い段階でトラブルが顕在化するということが起きます。

基準軽視が将来どんなことを引き起こすか、当事者が理解していない場合が多いのが実情のように感じます。

● 無理な工期短縮や工事費圧縮

発注者側の事情がからむ場合もありますが、無理な工期短縮や工事費圧縮が、トラブルの遠因になる場合もあります。

これらは結果としてコンクリート養生期間を犠牲にし、品質管理のレベルを下げることにつながります。

● 工法変更には限界

PC工法など有効な対策もありますが、適応できる建物の条件が限られることと、コストが高めになるなどの問題があります。

計画当初からその工法を採用する前提で、設計する必要があります。

● トラブルの原因は複合している

以上のように、コンクリートのトラブルの原因には様々なケースがあり、複合することが多いと考えられます。よく「手抜き工事」として糾弾されるように、施工者だけが悪者とは限らないのです。

設計者が無理な要求をしている場合もあり、施主が無理な工期やコストを強いる結果、起こってしまうケースもあり得ます（それでも、やはり施工者の責任とみなされますが……）。

● 関わる人すべてが理解してほしい

トラブルが少なく長持ちするコンクリート建築を生み出し、維持し後代に伝えていくために、計画から設計・施工・監理・そして維持管理まで、建物に関わるすべての人がコンクリートの性質に対する正しい知識をもつことが極めて大事だと思います。

鉄筋コンクリートの成り立ち

奇跡の組み合わせ

● 鉄とコンクリートの奇跡の出会い

鉄筋コンクリート構造の成り立ちについてまとめてみましょう。

鉄筋コンクリート構造、および鉄骨鉄筋コンクリート構造は、**鉄（鋼材）とコンクリート**という2つの素材の特性を巧みに組み合わせた、優れた構造です。この概念は1847年フランス人のモニエが開発し1867年に実用化されました。

引っ張りには強いが熱には弱い鉄と、熱や圧縮には強いが引っ張りには弱いコンクリートが、お互いに補完しあう組み合わせです。偶然にも両者の熱膨張率がほぼ等しいので、温度変化の影響もほとんどありません。酸化して錆びやすい鉄を、アルカリ性のコンクリートが保護するのも、この組み合わせの大きな特徴です。

[表] 鉄とコンクリートの組み合わせの妙

コンクリートの特性		鉄筋の特性
圧縮に強い		引張に強い
引張に強い	←補完→	座屈に強い
耐火性あり（炎に強い）		熱に弱い
熱膨張率がほぼ等しい　$10 \sim 12 \times 10^{-6}$／℃		
アルカリ性	←補完→	錆び（酸化し）やすい
化学的に互いに反応しない		
生コンは流動性あり	自由な形	線材（加工の多様性）

● 鉄筋の進化

一方で鉄筋も、自由な形に加工できるだけでなく**異形鉄筋**（丸い断面でなく竹のようなリブがついた鉄筋）が出現し、付着力と作業性が大きく向上しました。鉄筋同士の接合も、従来は一定の長さを重ねたり、加工の厄介なフックをつけたり大変でしたが、ガス圧接やスリーブ接合など様々な技術が出現し合理化が進みました。

● 周辺技術の進化がRC造を発展させた

セメントの改良、ポンプ車の出現と進化、生コン工場の技術進化、各種添加剤の出現などにより、生コンの性能と流動性管理は飛躍的に向上しました。

これらの技術的進化により、コンクリート構造はますます自由な造形への対応が可能になり、デザインを重視する近代建築のニーズに応えて発展していくものと考えられます。

また、コンクリートの原料がわが国では比較的安く手に入る材料だというのも、この構造の発展を支える大きな要素です。

［図］ 異形鉄筋の例

コンクリートの種類

無筋・RC・SRC・CFT

コンクリートを使った構造は、時代のニーズに応えながら様々な進化を遂げています。ここでは代表的なものを見てみましょう。

● 無筋コンクリート

文字通り鉄筋で補強しないコンクリート（Plain Concrete）です。
ダムなど、コンクリートの重量が必要な構造物などに使われます。
建築では基礎の下に打設され構造物の位置決めの下地となる「捨てコンクリート」
で使われます。

● 鉄筋コンクリート

鉄筋で補強されたコンクリート（Reinforced Concrete）。略称の**RC**で親しまれています。

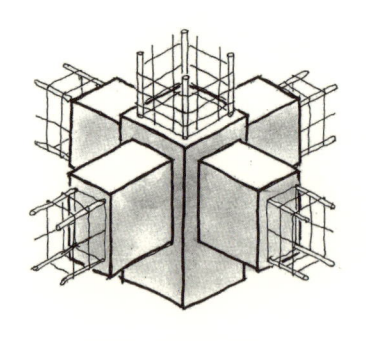

［図1］鉄筋コンクリート（RC）

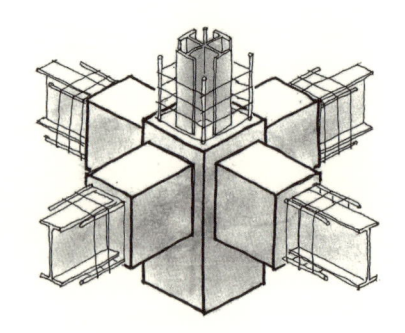

［図2］鉄骨鉄筋コンクリート（SRC）

● 鉄骨鉄筋コンクリート

鉄筋コンクリートの中に、鉄骨が骨組みとして入った構造です。

Steel Flamed Reinforced Concrete（鉄骨で補強されたコンクリート）の略で**SRC**と呼ばれ、広めのスパン（柱間隔）や高層建築など、RCの適応範囲を大きく拡大させました。

● 鋼管充填コンクリート

柱材にパイプ状の鋼管（四角形も丸形も）を使い、中に圧縮に強いコンクリートを充填したもの。Concrete-Filled Steel Tube、略して**CFT**構造と呼ばれます。コンクリートの中性化の回避にも有効です。

［図3］鉄骨鉄筋コンクリート造の例（型枠工事前の画像）

1 コンクリート篇

2 プラスチック篇

3 金属篇

4 木材篇

5 セラミックス篇

6 その他篇

そのほかのコンクリート
FRC・PC・プレストレスト・ALCパネル

_____

● 繊維補強コンクリート

鉄筋ではなく、金属や樹脂などの短繊維をコンクリートに混ぜて補強したコンクリートで、Fiber Reinforced Concrete、略称**FRC**と呼びます。繊維の長さは一般的には2〜3cm程度です。強度と柔軟性の双方を兼ね備えるので、薄い板状の部材や曲面などの自由な形状が実現できる、大きな可能性を秘めた構造です。

使われる繊維が炭素繊維の場合はcarbon（炭素）のCをつけてCFRC、ガラス繊維の場合はgrass（ガラス）のGでGFRCと呼ばれます。ビニロン繊維（ポリビニルアルコール繊維）を使ったVFRCも階段の踏み板などで実用化されています。

● プレキャストコンクリート

主要部材を工場でコンクリート製品として製造する工法（Precast Concrete）です。天候や作業員の個人差による影響を受けにくく、品質と精度の向上および工期短縮にもつながるので、最近の建物では多用されています。

一部の部材のみPC化する工法、窓のサッシを組み込んだ壁のユニットをPC化したPCカーテンウォール工法、柱や梁・床版のすべてをPC化したフルPC工法など、様々な組み合わせがあります。

コンクリートの品質は向上しますが、構造・防水両面で部材同士の接続部処理が管理のポイントです。

● プレストレストコンクリート

梁や床版などの部材に、あらかじめワイヤーなどを仕込んで圧縮力をかけ、変形やひび割れを制御する工法です。ひび割れリスクの低減や、高強度・大スパンへのニーズに応える工法です［図］。

● ALCパネル

戸建て住宅などでも親しまれている**ALC**パネルも鉄筋コンクリートの仲間です。工場で自動的に蒸気養生されて（Autoclaved）量産される軽量（Light-weight）気泡（aerated）コンクリートです。

ALC版とも呼ばれています。

1920年代にスウェーデンで開発された技術で、軽量で断熱性に富む板材が規格化されており、住宅やビルを始めあらゆる種類の建築間仕切り壁や床板などに多用されています。

多数の気泡で構成されている関係で、やや脆いという欠点があり、角部の保護や衝撃防止には十分注意が必要です。

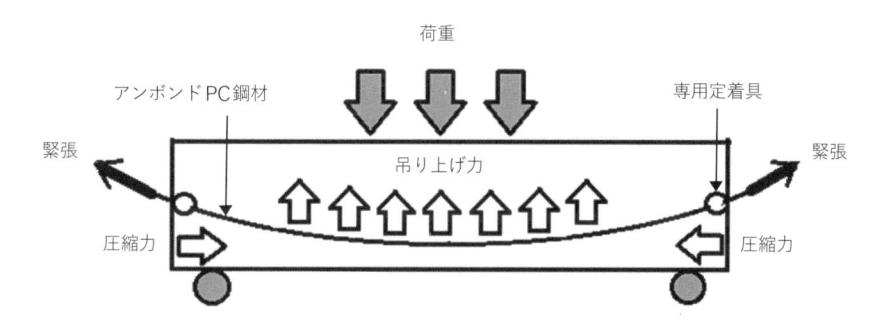

［図］プレストレスコンクリートのイメージ

1 コンクリート篇

2 プラスチック篇

3 金属篇

4 木材篇

5 セラミックス篇

6 その他篇

セメントは太古の海の贈り物

　セメントの主材料である石灰岩は、地上に大量に存在するポピュラーな岩石で、日本でも各地で豊富に産出されます。

　中でも鍾乳洞で有名な山口県の秋吉台は、日本最大のカルスト台地として知られ、厚さ500〜1,000mの石灰岩でできています。

　石灰岩の大半は、およそ5億〜1億年前に海中で生息していた原始生物の骨格や貝殻が、気の遠くなるような長い時間をかけて海底に堆積し、地盤の変動や隆起の影響を受け岩盤へと変化したものです。

　バクテリア類や風船状の柔らかい体の生物が多かった古代の海で、5億4千万年前、カンブリア大爆発と呼ばれる劇的な生物の多様化が起こり、硬い殻をもつ多様な原始生物が繁栄し始めました。

　原始生物の代表的なものとしては、ウミユリ・フズリナ・サンゴ・多孔虫・三葉虫・二枚貝の仲間などが挙げられます。

　それらの遺骸が積もり積もって石灰岩のもとになっているのです。

　現代の建築を支えるセメントは、古代の生物たちのおかげで地球上に出現したといえます。

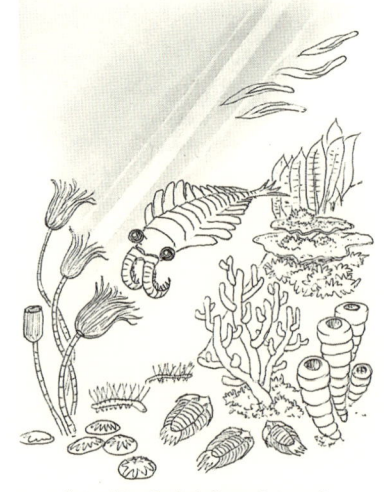

カンブリア紀の海底生物のイメージ

2

プラスチック
（高分子材料）篇

建材としてのプラスチック

広範囲の建材として活躍

● 目に見える仕上げ

プラスチックは、主に建築の防水や仕上げ、あるいは設備の分野で、非常に多くの種類が使われています。特に近代の建築では、**プラスチック**（液体状のものは**合成高分子材料**）なしには考えられないほど、重要な存在になっています。

壁や天井などに塗られる塗料は、合成高分子材料を使用してつくられますし、壁に張られる壁紙やクロスもプラスチックが主材です。床仕上げも、石や木などの天然素材を除けば、長尺シートやカーペットなど、プラスチック系の材料が非常に多く使われています。プラスチックには、弾力と高い加工性・着色や印刷に適する、といった特長があるからです。

● 雨や水を防ぐ場所にも

雨や漏水を防ぐ防水は建物の最も重要な機能ですが、現在はほとんどプラスチック製品の性能にゆだねられています。

超高層ビルのガラスやサッシの継ぎ目の**シーリング**はその典型です。使用時には流動的で狭い場所に充填でき、固まると長く弾力を保つ、というプラスチックの性質が生かされています。

● 効率よくエネルギーを運ぶ

電気や給排水衛生・空調など設備の分野でも、プラスチックは欠かせません。水や温水など液体を運び、電力や温度などエネルギーのロスを減らし、快適さの維持に大きく貢献しています。

プラスチックのもつ、**絶縁性・断熱性・弾力性・高い加工性**などの特性が、これを可能にしています。

● しかし劣化は進行する

大活躍のプラスチックですが、**時間の経過により劣化が進行**すると、性能が大きく落ちるのも、特徴の1つです。

なぜそうなるのか、対策はどうすればよいのかを考えるには、プラスチックや高分子材料の成り立ちや特性の理解が有用です。その上で、合理的な対応を行うことが建物の長寿命化につながるのではないかと思います。

以降でそれらを説明していきます。

［図］生活の中の様々なプラスチック系建材

プラスチックとは何か
石油化学の産物

● 粘土のようなもの

プラスチック（plastic）は、「可塑性がある」という意味の英語で、力をかけると変形し、力を除いてもその形状が保たれる性質、つまり粘土のように自由な形がつくることができる、という特徴を表します。

● またの名を合成樹脂

ゴムや松ヤニ・漆など、植物の樹液からつくられ古くから活用される天然樹脂に対し、同じような性質を示すプラスチックは、人工的に合成されるので合成樹脂と呼ばれています。

また、合成高分子材料という名で区分される場合もあります。これは成り立ちに由来した、やや化学的ニュアンスを含む呼び名ですが、学問や産業の分野ではよく使われています。

塗料などの液体やナイロンなどの繊維類は、通常プラスチックとは呼びませんが、同じ合成高分子材料として本書では一緒に扱うことにします。

［図1］粘土は可塑性を生かして
様々な造形が可能

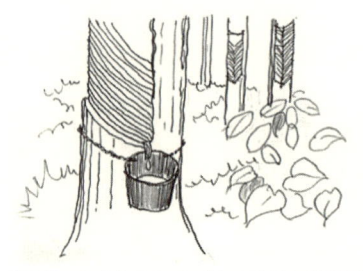

［図2］古くからあるゴムや漆は天然樹脂

● 原材料は石油化学の産物

プラスチックはいわゆる石油製品で、原油から精製される**ナフサ**を原料としてつくられます。これらを扱う石油化学産業は、日本の基幹産業の1つでもあり、世界や業界内の激しい競争の中で日々開発が進み、新素材が次々と登場するのもこの材料の特徴です。

一方でこの素材には、原材料や材料名が横文字でわかりにくく、化学用語が多くて取っ付きにくいという一面があります。商品名も似たような感じが多く、混同しやすいのは困りものです。筆者も化学には素人ですが、建材の理解の観点から少し大胆にできるだけわかりやすく解説を試みたいと思います。

［図3］ 現代の合成樹脂を生み出す石油化学プラント

プラスチックの成り立ち
原子レベルからのおさらい

_____

● 原子と分子

プラスチック（高分子材料）の理解のために、昔勉強した物質の成り立ちの話をおさらいしておきましょう。

物質世界での最小単位は原子で、原子2個以上で構成されるのが分子です（希ガスと呼ばれるヘリウムやアルゴンは例外で、1原子で1分子の単原子分子）。

分子はその物質の性質を示す最小の単位（粒子）とされています。つまり水素原子は水素の性質を示しませんが、それが2個くっついた水素分子は水素としての性質を示します。

● 高分子とは長〜いパスタのようなもの

極めて多数の分子（10,000個以上）が、電子という手でつながってできたものが高分子です。本当は巨大分子と呼んだほうが、実態に近いかもしれません。

英語では多数のという意味の**ポリマー**（polymer）が使われ、単独の分子はモノマー（monomer：単量体）と呼ばれます。

ちなみにポリエチレンはいちばん単純な高分子として知られていますが、炭素原子1個と水素原子2個からなるエチレン分子（モノマー）が約10,000個連なって、1個の高分子を形成しています。

仮にエチレン分子1個の大きさを、パスタの太さ2mm程度とすると、ポリエチレン分子（つまりパスタ1本）の長さは20mになる計算になり、いかに長いかイメージできると思います。

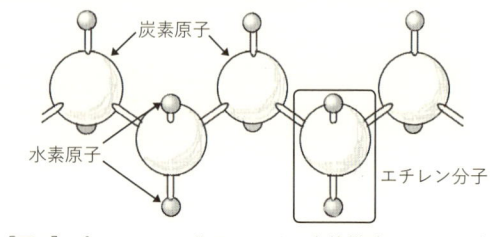

炭素原子

水素原子

エチレン分子

［図1］ ポリエチレン分子における立体構造のイメージ

●実は丸い糸マリのような形

このような長い分子の連なりである高分子ですが、その形状はぴんと張った直線ではなく、糸マリのような形とされています。分子がつながる手には決まった角度があり、連なっていくと結局複雑に曲がりくねって、丸くなるのだそうです。そして、この糸マリ状の塊が無数に重なり合い、からみ合うことで、可塑性や柔軟性といった高分子材料の特徴がつくられています。

このように、電子が手の役目をして分子を結合させ、特徴をもつ樹脂として生まれたのが、プラスチックであり合成高分子材料です。

合成高分子材料に対し、天然の高分子ももちろん多く存在します。人体はじめ動植物は、すべて天然高分子でできています。

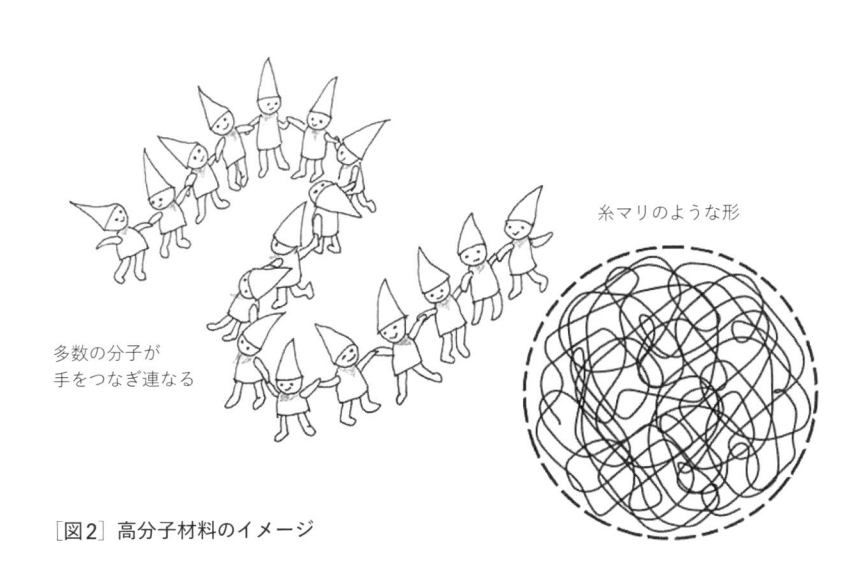

糸マリのような形

多数の分子が
手をつなぎ連なる

［図2］高分子材料のイメージ

プラスチックの特徴と分類
熱可塑性と熱硬化性

● プラスチックのもつ便利な性格

高分子の無数の重なりから生まれる特徴の代表的なものは、**柔軟性や弾力性**です。さらに、製造時に分子レベルで添加剤を加えることで、加熱すると軟化し（熱可塑性）、あるいは逆に硬化する（熱硬化性）という便利な性質を与えることもできます。ガラスに似た透明な物質ができるのも、合成樹脂の特徴の1つです。

● 長所と短所

プラスチックには後述するように様々な種類があり、それぞれ異なる特徴がありますが、一般的特徴として次のことが挙げられます。これらはすべての樹脂に当てはまるわけではなく、中には逆の性質をもつものもありますので注意してください。

長所　①塑性があり自由な形がつくれる
　　　②比較的軽量だが強度がある
　　　③耐薬品性がある
　　　④着色が容易である
　　　⑤電気絶縁性がある
　　　⑥比較的安価に製造できる

短所　①耐火性が劣る
　　　②燃焼により有害なガスを発生させるものもある
　　　③温度変化による伸縮が比較的大きい
　　　④表面硬度が低く傷つきやすい
　　　⑤帯電しやすく埃がつきやすい
　　　⑥紫外線による劣化が起きる

● 熱可塑性を生かして大量生産

熱可塑性があることで、原材料を熱して液体状にして、金型に流し、冷やして固めれば、自由な形の製品が大量に生産できます。

この特性を生かすために、射出成形・押し出し成形・プレス成形・ブロー成形などの成形方法が開発されています。身近な製品としては電気のスイッチやコンセントのカバー、エアコン室内機のカバー、ペットボトルなど挙げればきりがありません。

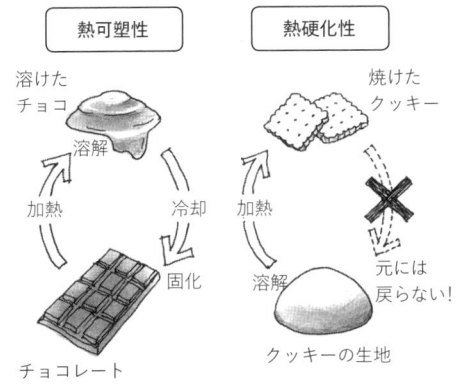

[図1] 熱可塑性と熱硬化性のイメージ

● 熱硬化性樹脂は金属に代わる性能も

一方、**熱硬化性**をもつ樹脂は、原料を加熱・加圧することで流動し、製品の形になりますが、一度硬化すると再び加熱しても溶解せず、溶剤にも溶けません。製品は硬度や強度など機械的性質に優れ、耐熱性や寸法精度も高いので、各種機械分野・医療機器・配電部品や建材など、多くの分野で金属部品の代替品として利用されています。

[表] 建材として使われるプラスチックの分類と略号

熱可塑性樹脂	熱硬化性樹脂	
ポリ塩化ビニル（PVC）	フェノール樹脂（PF）	
ABS樹脂（ABS）	ユリア樹脂（UF）	アミノ樹脂
ポリプロピレン（PP）	メラニン樹脂（MF）	
メタクリル樹脂（PMMA）	ポリエステル樹脂（UP）	
ポリエチレン（PE）	シリコン樹脂	
ポリスチレン（PS）	ポリウレタン（PU）	
フッ素樹脂（PTFF）	エポキシ樹脂（EP）	

プラスチックの劣化
時間経過と共に機能低下

● つないだ手が切れると劣化

プラスチックは時間の経過と共に、弾力の低下・褪色・変色・硬化・体積のやせ
といったいわゆる劣化現象を示します。また目には見えませんが、これらは絶縁
性能あるいは断熱・保温性能といった重要な機能の低下にもつながっていきます。
これは様々な劣化要因が、高分子の接合部にダメージを与え、つないだ手が切れ
る場所が増えるから、と考えられています。

● 劣化要因は太陽と水と空気

劣化要因の主なものは、紫外線などの光・熱（温度差）・オゾン・酸素などですが、
言い換えれば太陽と水と空気であり、人の生活環境そのものが高分子材料にとっ
て劣化要因ということになります。
物の接合部に使われる部材では、繰り返す動きも劣化要因の1つで、金属疲労に当
たるような劣化もあります。
つまりプラスチックにとって、劣化は避けられない変化といえます。劣化の完全
防止は困難であり、いわゆる劣化対策とは**劣化の進行を遅くさせる**ことを意味し
ます。

［表］プラスチックの外的劣化要因リスト

・光（主に紫外線）	・環境物資　水（温度、高圧水、水蒸気）
・熱（温度変化）	ガス（オゾン、酸素、亜硫酸ガス…）
・応力、歪み（繰り返し負荷、長時間負荷）	金属（活性金属、銅…）
・電気	有機溶剤
・放射線	酸、アルカリ、界面活性剤
	・微生物

●劣化対策は場所と材料の種類によって様々

光や気体などは、必要であれば遮断ができ、温度変化の影響も断熱によって減らすことができます。すなわち保護カバーや断熱層の設置が劣化進行遅延策として有効ということです。

一般的にプラスチックは比較的安価なので、費用対効果を考えると劣化対策を取るより新品に更新したほうが有利の場合もあります。

建材の更新には建物使用上の制約を伴うこともありますが、建物の資産価値とのバランスを考え、適切な判断が求められます。

オゾンO₃　酸素

紫外線　水分　温度差

［図］プラスチック劣化のイメージ

1 コンクリート篇

2 プラスチック篇

3 金属篇

4 木材篇

5 セラミックス篇

6 その他篇

セルロイドと
『ニュー・シネマ・パラダイス』

　1856年に世界で最初に開発されたプラスチックは、年配の方には下敷きやキューピー人形でおなじみのセルロイドです。

　セルロイドは石油製品ではなく、植物繊維に多く含まれるセルロースや、クスノキからとれる樟脳、硝酸などを主原料としています。

　当初はビリヤードボールなど象牙製品の代替品としてつくられたのですが、後にその熱可塑性を利用して薄いシートに加工され、写真や映画のフィルムがつくられました。フィルムは、それまでの乾板に代わり写真や映画など映像技術の分野を飛躍的に進化させました。

　しかしセルロイドには非常に燃えやすいという致命的な欠点があり、映画館での火災事故が多発するようになりました。

　開発国のアメリカではこれを受けて1955年に可燃物質規制法が施行されます。その後セルロイドは製造量が激減し、フェノール樹脂など、より安全な新しいプラスチックに置き換わっていきます。

　これを1つのきっかけとして合成高分子産業が確立され、より優れた性能・機能を求めて、開発が活発に進み始めます。

　イタリア映画の名作『ニュー・シネマ・パラダイス』(1988年)は、第二次大戦中のシチリア島の小さな映画館を舞台にした物語です。主人公は映画好きでいたずらっ子の少年トトと中年の映写技師アルフレード。

1 コンクリート篇

2 プラスチック篇

3 金属篇

4 木材篇

5 セラミックス篇

6 その他篇

この中で、あるとき映写室でフィルム火災が起き、アルフレードが失明するという印象的なエピソードがありました。

　映画への夢を追い続け、やがてパリで映画監督として成功し活躍するトト（成長後はサルバトーレ）に、ある日アルフレードの訃報が届きます。久しぶりにシチリアに帰ると、アルフレードは1巻のフィルムをトトに残していました。

　パリに戻り試写室で映写してみると、これがかつて戦時中に検閲を避け切り取った美しいラブシーン部分をつないだもの、と分かるラストは感動的でした。

　エンニオ・モリコーネの美しい旋律も効果的で、セルロイドフィルムへの愛と郷愁を強く感じた作品でした。

NUOVO
CINEMA
Paradiso

　現在のセルロイドの需要は、ピンポン玉や万年筆の軸・ギターのピックなど、ごくわずかなものになりました。

　ちなみにアニメ映画の世界では原画のことを「セル画」と呼びますが、これはかつて原画を透明なセルロイドシートに描いていたからだそうです。

熱可塑性樹脂（1）
塩ビ、ABS、ポリスチレン、メタクリル

● ポリ塩化ビニル樹脂（PVC）

［図1］ポリ塩化ビニル樹脂の例（配管接合部材）

通称「塩ビ」として親しまれているプラスチックです。石油と塩を原料として作られる合成高分子材料で、耐候性・耐水性・耐油性・耐酸性・耐アルカリ性に優れています。表面に光沢があり着色が可能で、さらに難燃性で電気絶縁性も高く、成形性にも優れています。可塑剤の調整で、硬いパイプ類から柔らかい床シートまで、幅広い硬さの製品の製造が可能です。

比較的低コストで生産できるので、建築材料として最も多く使用される樹脂の1つです。主な用途は、上下水道管とその継手・雨樋・波板・サッシ・網戸・床材・壁紙・電線の被覆など、極めて多岐にわたります。

長時間紫外線に曝されると黄変や物理的性能の低下などの劣化が起こります。耐薬品性は高いですが有機溶剤には侵されるので注意が必要です。

● ABS樹脂（ABS）

［図2］ABS樹脂の例（住宅用換気グリル）

アクリルニトリル（A）、ブタジエン（B）、スチレン（S）の3種類のモノマー（単量体）を重合*させた樹脂です。三者の特徴を併せもつユニークな樹脂で、表面の光沢が良く、耐衝撃性をはじめとする機械的性質に優れています。耐熱性・耐寒性・耐薬品性・成形性も高く、電気家電の筐体、外装材、パソコンやプリンターなど幅広い分野で使われています。なかでも最大の特徴は、金型成形に適し

＊ポリマー（重合体）の生成を目的とした化学反応

た成形性の高さで、近年では3Dプリンターの成形用素材（フィラメント）として脚光を浴びています。

短所は耐光性に劣ることで、光や紫外線に当たると機械的強度が低下し脆くなります。また耐火性も低く燃焼するという問題もあります。

● ポリスチレン樹脂（PS）

スチレンとブタジエンを重合させたもので、これを発泡させた発泡スチロールは、食品トレーや保冷品輸送用の断熱材でおなじみです。最も一般的な汎用ポリスチレン（GPPS）は透明性・耐水性・断熱性に優れ、無味・無臭・無毒という特徴があり、着色が簡単で電気絶縁性能が高く、成形性や発泡性の高さも特徴です。

［図3］ポリスチレン樹脂の例
（発泡スチロール板）

低価格なのでCDケース、コンビニ弁当や総菜ケースにも使われ、とても身近な素材です。建材としては発泡スチロールの形で多く使われますが、98％が空気であり軽量性と断熱性能を生かして畳の芯や壁の断熱材などに使われています。有機溶剤のシンナーやベンゼンには溶解するのでこれらを含む液体には注意が必要です。

● メタクリル樹脂

アクリル樹脂とも呼ばれ、強度が高く透明で軽量なのでガラスの代用として採光部などに使われます。住宅でも平板の成形板（アクリル板）や波板の形で使われます。ガラスでは難しい厚さの板でも製造可能な上、大型板を曲面加工できるので、水族館の大型水槽には海外を含め数多く採用されています。

（出典：PIXABAY）

［図4］メタクリル樹脂の例
（水族館の大型水槽）

高温に弱く100℃近くで変形を起こすことがあり、また表面硬度が低く傷つきやすいのが弱点です。液状の樹脂は塗料の原料としても多く利用されています。

熱可塑性樹脂（2）
ポリエチレン、フッ素

● ポリエチレン樹脂（PE）

ポリバケツやポリタンク、食品ラップなどでおなじみの樹脂です。エチレンが重合した高分子で、製造時に触媒や重合法を変えることで、密度や機械的性質などの異なる製品をつくることができ、非常に適応範囲の広い素材といえます。

例えば、分子量の低いものは潤滑油として、高いものは強靭な樹脂として、というように幅広い製品が製造されています。

一般的に耐水性・耐薬品性・絶縁性に優れ、安価で軽量という特徴がありますが、耐熱性は低く火や熱には極めて弱いと言えます。

建築では防湿用フィルム・ガス用の配管材・上下水道用の配管材などとして多く使われます。

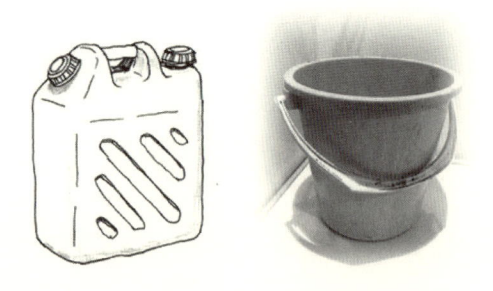

［図1］ポリエチレン樹脂製品（ポリタンクとポリバケツ）

● フッ素樹脂

ポリエチレンの水素をフッ素に置き換えることでできる樹脂です。

炭素とフッ素の結合力が炭素と水素の結合力より強いので、耐熱性・耐候性・耐薬品性・強度などに非常に優れた高機能樹脂です。フライパンなどでおなじみのテフロンは、初めてフッ素樹脂を開発したアメリカDupont社の商品名です。

主にフッ素樹脂系塗料として塗料やコーティング材として使用されますが、他の材料より塗膜が堅牢で長寿命ということで、鉄骨製の橋梁や鉄塔などに多く使われます。また、ドーム球場などの膜構造の屋根は、ガラス繊維やポリエステル繊維で織りあげた基布に、フッ素樹脂をコーティングしたものが使われることが多いようです。フッ素樹脂のもつ非粘着性・滑り性・非濡性（水をはじく）といった性能が生かされています。

［図2］フッ素樹脂を利用した膜屋根の例（JR東京駅八重洲口）

熱硬化性樹脂（1）

フェノール、ユリア、メラミン、FRP

● フェノール樹脂

世界で初めて植物以外の原料から製造されたプラスチックで、フェノールとホルムアルデヒドを反応させてつくられます。1872年にプラスチックの父と呼ばれるベークランドが発明し、1902年に工業化した樹脂で、商品名のベークライトで知られています。

［図1］フェノール樹脂製品例（黒電話）

高い非電導性と耐熱性があり、工業の発展と共に産業分野で大量に使用されました。またかつては家庭内でも電気のスイッチや電灯の黒いソケット・電話機などベークライト製品は身近な存在でした。

絶縁性・耐熱性・成形性に優れる一方で、耐衝撃性に劣りアルカリに弱いことから、大半の需要は熱可塑性の樹脂に取って代わられましたが、現在でも化粧合板・接着剤・塗料などに使用されています。

● ユリア（尿素）樹脂

石油系の原料でなく、尿素とホルムアルデヒドを原材料として製造されるユニークな樹脂です。

無色透明で着色しやすく、剛性・硬度・絶縁性も高いので、電気機器や日用品（給食用の割れない食器）などに使われています。ちなみに近年の麻雀牌の多くはユリア樹脂製だといわれています。

熱硬化性プラスチックの中では比較的安価で、難燃性という特性もあり、建築関係では主に合板や集成材の接着剤として使用されます。

● メラミン樹脂

ユリア樹脂同様アミノ樹脂の一種で、両者を混ぜて接着力を強化しつくられたものが耐水ベニヤです。

またこれらをバインダーとして木質ファイバーを加圧成形したものはMDF（中密度繊維板）と呼ばれ、造作材や家具に使われます。

メラミン樹脂を主剤としてつくられた化粧板は、内装材や家具などに広く使われています。

● ポリエステル樹脂

耐熱性・耐衝撃性・ガスバリア性（気体の通しにくさ）に優れており、水を吸いにくいという特徴もある樹脂で、テトロン（商品名）でもおなじみの繊維や、ペットボトルとして使われます。

建築材料では繊維強化プラスチック（FRP）としての利用が多く、強度・耐候性を生かして屋根用波板や天窓などに使われます。

またガラス繊維のFRPは浴槽やユニットバス・外装パネルなどに使用され、塗料や防水材として使われることもあります。

ホットカーペットの繊維素材には、耐熱性に優れたポリエステルが使われていることが多いようです。

［図2］ ポリエステル樹脂製品例（FRPのバスタブ）

熱硬化性樹脂（2）

シリコーン、ポリウレタン、ポリカ

● **シリコーン（silicone）**

ケイ素と酸素からできるシロキサン結合を骨格としたポリマーで、−60〜260℃の範囲で十分な弾性を発揮する優れた耐熱性・耐寒性・耐候性をもち、酸やアルカリにも強い樹脂です。

接着力も大きく撥水性もあることからシーリング材・接着剤・塗料などに幅広く用いられています。

よく混同される**シリコン（silicon）は別物**で、半導体や太陽電池に使われる金属のケイ素を指しており、こちらは原料のケイ石を還元精製してつくられます。

● **ポリウレタン樹脂**

熱可塑性で無発泡のものと、熱硬化性で発泡性のものと2種類があります。発泡したものは**ウレタンフォーム**と呼ばれ、軟質のものはクッション材に、硬質のものは断熱材などとして使用されます。

一般的に変形性能が良く耐薬品性に優れています。シール材・塗料にも多く使われます。

[図1] シリコーン製品例

[図2] ポリウレタン樹脂の断熱吹き付け作業

● エポキシ樹脂

硬化剤を使用した架橋反*からつくられる樹脂で、硬化剤の組み合わせで種々の性質をもつ樹脂ができます。特に接着力に優れるので、接着剤・積層材・塗料などに使われます。

金属との接着性、電気絶縁性・機械的性質・耐熱性も高く、溶剤にも侵されにくいという特徴があります。

● ポリカーボネート類

熱可塑性樹脂の中で最高の衝撃強度をもつ樹脂で、透明性に優れガラスより衝撃強度が高く、加工性にも優れています。

成形収縮が少ないので寸法精度の良い製品が得られることもあり、ガラスの代替品として、防犯対応ガラスなどに使われます。**ポリカ**の略称で呼ばれることもあります。

（出典：プラスチック工業会ウェブサイト）

［図3］ポリカ製品例（スタジアム採光屋根）

---

*ポリマー（重合体）どうしを連結し性質を変化させる化学反応

プラスチックを悪者にするな！

　プラスチックは、木材や鉄などの自然由来の素材と異なり、石油から人工的に生み出された素材です。

　天然素材にない優れた性能をもつ反面、劣化が進んでも自然に還るということが難しく、廃棄物処理には大きな問題が伴っています。また種類が極めて多いので、実はリサイクルも大変困難です。

　一部の発展途上国においては、プラスチック廃棄物が空き地に山積みされ、河川や海に野放図に廃棄されているのが現実です。

　紫外線や波などの影響を受け、径5mm以下に細分化されたプラスチックを**マイクロプラスチック**、さらに化粧品や歯磨きにも使われる径0.5mm以下の微細粒子は**マイクロビーズ**と呼ばれますが、近年それらの存在は環境汚染の大きな課題の1つとして急速にクローズアップされています。

　スペインの海岸で、クジラがビニール袋やプラスチック類を大量に取り込み、餓死していたという報道がありました。また、市場に出回る魚類の25％がマイクロビーズを摂取しており、すでに人体からも発見されているという衝撃的な記事も目にしました。

　これらの現象は、食物連鎖の頂点にいる人間の健康に影響してくる可能性が否定できず、どんな障害がいつ頃起こるのか不明なだけに、むしろ非常に恐ろしい状況に思われます。

　私たちはプラスチックの出現と進化により、非常に大きな恩恵を被り、その利便性はわずか数十年で人々の生活を一変させました。

　しかし、今考えればこの材料の廃棄処理の問題は、もっと早くコストやエネルギーをかけ、真剣に取り組むべき課題でした。

　特に石油化学を国家成長戦略の一角に据えてきた日本には、プラスチック廃棄物の処分研究とその実現について大きな責任があると思います。海外と協調し、行政・学術機関・業界など関係者が一丸となり、一刻も早く根本的で有効な対策が見出されることを祈ります。

　それまで私達ができることは、まずプラスチックの使用を減らし、すでに産み出された製品はできるだけ長く使うよう努力し、寿命を迎えた製品は適正な再利用や廃棄物処分を行うことに徹することではないでしょうか。

　これだけお世話になったプラスチックを、将来「悪者」にしてしまうことだけは、何としても避けるべきだと思うのですが……。

打ち寄せられるプラスチック廃棄物　　　　　　　　（出典：PIXABAY）

防水（1）漏水の原因
防水材はすべてプラスチック（高分子材料）

● 防水とは建物の最低限の機能なのですが……

建物の最低機能を示す古い表現で「雨露をしのぐ」という言葉があります。雨や
夜露から人間を守るものということで、まさにこれが防水の役割を示しています。
しかし、このまったく基本的な課題の達成が、実は意外に難しいことなのです。
粗末な藁ぶき屋根の小屋が漏水もせず快適なのに、有名な設計者やゼネコンがか
かわり、技術の粋を尽くした超近代的なビルが、止まらない雨漏りに悩まされてい
たり、地下室のあちちこに水が染み出たりしている例も多くあります。

［図1］雨漏り・漏水に悩む近代ビルと、粗末でも快適な藁ぶき屋根の小屋

● なぜ防水が難しいのか

これらの防水トラブルの原因の多くは、施工ミスなど工事に起因するものでしょ
う。しかし、中には設計・監理に起因するものや、あるいは維持管理が適切であれ

ば防げるものもあります。防水材選定やディテール設計のミス、維持管理のミスも漏水を引き起こします。

防水は非常に専門性が高い技術なのですが、実際にはすべての段階でこれに関わる人々が、必ずしも十分な知識をもつとは限らないことがトラブルの背景にあるように思えます。

● 防水材はすべて高分子材料

現在の建築物に使われている防水材料は、すべて合成高分子材料です。これらは材料を構成する成分によって、その特性や下地との相性がそれぞれ異なり、使用条件に合わせて適切な選択が必要です。従って防水を正しく設計し施工するためには、高分子材料の基本的な理解は欠かせないと思います。次ページからは、劣化の進み方など維持管理に役立つポイントを中心に、具体的な工法や材料を見ていきましょう。

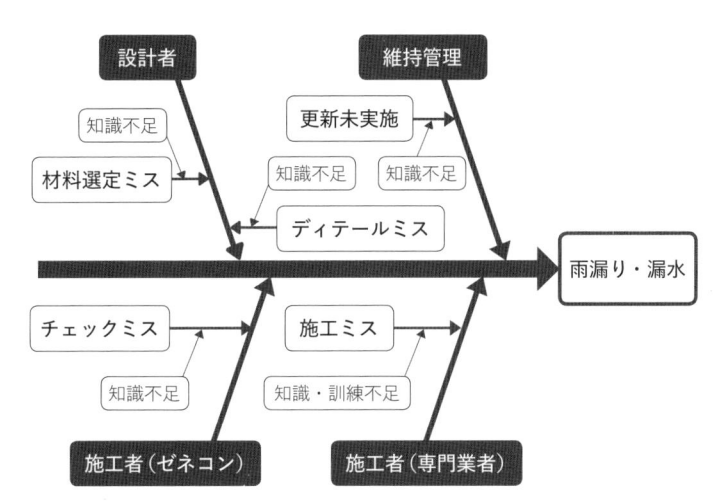

［図2］雨漏れや漏水の原因（人的要素の特性要因）

1 コンクリート篇

2 プラスチック篇

3 金属篇

4 木材篇

5 セラミックス篇

6 その他篇

防水（2）種類と施工

下地の乾燥が重要

● 防水の種類——施工法による分類

防水には施工法や材料の組み合わせで様々な種類があり、使用される部位や用途あるいは予算によって使い分けられています。

防水の全体を大まかに知るために、防水の種類別に整理して話を進めますが、ここでは主に施工方法の違いによる分類、つまり、①塗る、②張る、③両者の組み合わせ、④目地に充填する、の４つに分けて進めたいと思います。

具体的な呼び名に言い換えれば、**①塗膜防水**、**②シート防水**、**③アスファルト防水**、**④シーリング**、の４種類の防水形式です（アスファルトだけは材料名）。

次に作業の方法とどんな高分子材料が使われているか、どんな特徴があり、起こりやすいトラブルやその原因、また維持管理上必要な注意点は何かなどを説明していきます。

● 共通する工程はプライマー塗り

４つの施工法すべてに共通する工程として、最初に下地に**プライマー**という下塗り塗料が塗られます。プライマーはprimary（最初に）に由来する造語ですが、これを塗布することで下地と防水材の接着力を高め、下地への吸い込みを抑えるなどの役割があります。成分は防水の種類により異なりますが、主に防水材となじみの良い溶剤類が多いようです。

この作業は下地が十分乾燥していることがとても重要で、ここで問題があると、剥がれやふくれなどのトラブルにつながります。

● 脱気設備の設置

その次の工程ですが、①〜③には**脱気**という課題があります。

特に屋上の防水では、直射日光に曝され温度が上がると、コンクリート下地の中の水分が蒸発し、防水層を押し上げて大きな気泡（ふくれ）をつくることがあります。これを防ぐために、あらかじめ防水層の下に空気の抜け道となる特殊なシート（通気緩衝シート）などを設置し、一定間隔に**脱気塔**という突起状の設備を取り付けてから防水層が施工されています。

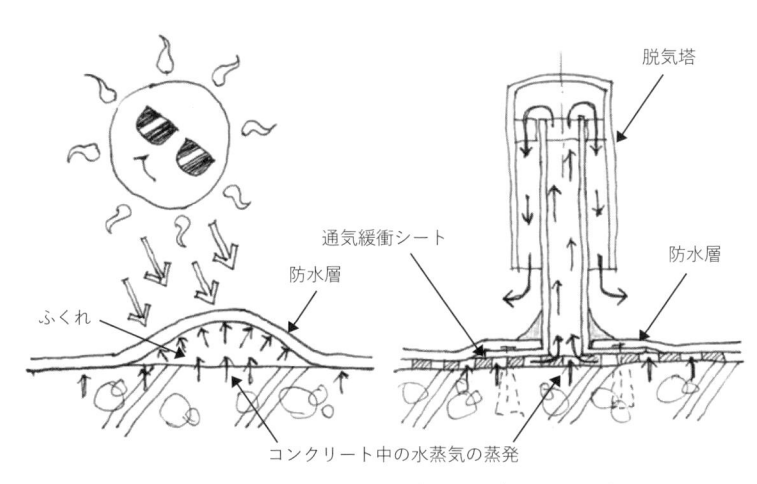

［図1］防水層ふくれの原因と対策（脱気設備）のイメージ

［図2］脱気塔の一例

防水（3）塗膜防水とは

作業が容易で多用される

● 塗膜防水の基本とポイント

下地に刷毛やローラー、コテ、ヘラなどで粘性のある液体状の防水材を塗りつけ、一定時間後に防水材が反応硬化して膜（防水層）が形成されるものです。下地が多少凹凸でも狭い場所でも対応でき、作業も比較的容易なことから、改修工事を含め多用される工法です。下地と防水層の接着がポイントなので、下地の乾燥度・平滑度・清浄度が重要です。

塗膜防水は、使用される材料の成分により、さらにウレタン、FRPなどに分かれます。

● 作業工程

作業は下地のプライマー処理の後、防水材の塗布（場合により複数回）、硬化後に**トップコート**（保護材）塗布といった流れです。トップコートは、防水材と同じ材料に紫外線を防ぐ塗料などを混ぜ、着色したものが多く使われます。

すべて、液状の材料を刷毛やコテで塗る作業が繰り返されます。

簡単に言えば塗装工事と同じであり、柔軟性や弾力性といった高分子材料の特徴を生かした代表的な使い方です。

● 塗膜防水全体の長所と短所

「液状の材料を塗る」という作業の性質上、以下のような長所・短所を挙げることができます。詳しくはウレタン防水、FRP防水のところ（80 〜 83ページ参照）で説明します。

長所

・手軽に施工できる（あまり高度な技術は必要としない）

・継ぎ目なしの防水層が形成できる
・下地に多少の凹凸があっても、狭い場所でも施工できる
短所
・塗りむらなどにより厚さが薄い箇所ができやすい
・天候により影響を受けやすい
・防水層が薄く弾力があるので気泡ができやすい
長所と短所は裏腹の関係にありますが、短所をカバーするように配慮しながら計画・施工を進めることが必要だと思います。

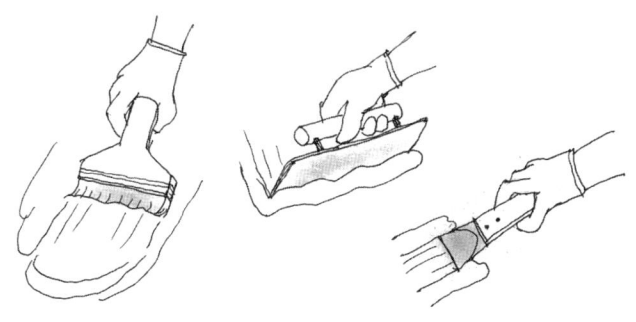

［図1］刷毛・コテ・ヘラなどで塗る防水

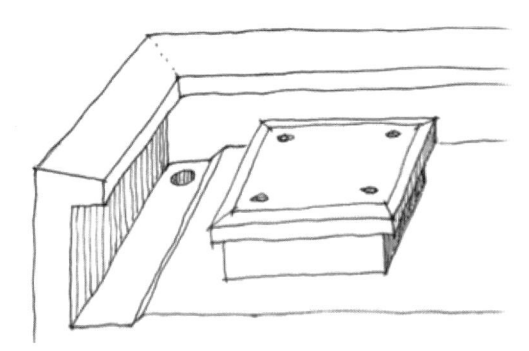

［図2］凹凸があったり狭い場所への対応が可能

防水（4）ウレタン系塗膜防水
最もポピュラーな防水方法

● ウレタン系塗膜防水の基本とポイント

ウレタン系塗膜防水は**ウレタン防水**と呼ばれることも多く、塗膜防水として最もポピュラーなものです。現場で主剤と硬化剤の2種類の薬品を混ぜ、流動性のあるウレタン樹脂液をつくり、刷毛やヘラを使って下地に塗布します。一定の時間が過ぎると化学反応が進んで硬化し、ゴム状の弾力のある防水層が形成されます。

防水層は単層の場合と複層（多くは2層）の場合があり、環境条件により使い分けられます。

最後に保護層としてトップコートを塗布します。

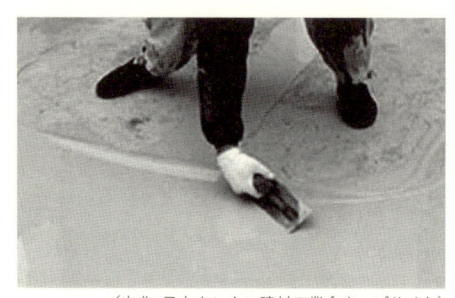

（出典：日本ウレタン建材工業会ウェブサイト）

［図1］ウレタン塗膜防水の施工

● 長所と短所

ウレタン防水は弾力性に優れており、下地のコンクリートに後日ひび割れなどが発生しても追随するという利点があります。一方で、表面が傷つきやすいため非歩行が原則で、硬い靴底での歩行や台車が頻繁に通行する通路には適しません。しかし、中間にガラス繊維の布を張り付け、補強することでこの点を改善しようとする工法もあります。

また紫外線や熱に比較的弱いという問題もあります。そのためにトップコートによる保護は欠かせません。メーカーや工事店によっては、4年に1度のトップコートの更新を条件に、一定期間防水性能を保証するところもあります。

下地の乾燥が不十分な場合、水蒸気が熱によって**気泡（ふくれ）**をつくる、というトラブルもよく聞かれます。

ふくれは放置すると温度差によって伸び縮みを繰り返し、やがて弾力性の低下も進み、防水層の破断につながるおそれがあります。

これを解決するために、前述した通気緩衝シートと脱気筒による脱気装置の設置は、基本的に欠かせない工程です。

［図2］ウレタン防水のカバーリング後にふくれが発生した例

● 防水層の改修にあたって

ウレタン防水は、比較的簡易な仕様と位置付けられ、便利に使われています。

新築では小規模の屋根やベランダなどの防水に使われる一方で、築年数を経た建物の防水改修では、この工法によるカバーリング（かぶせ工法）が良く用いられます。作業性の良さやコストの低さなどがその理由かと思います。

しかし、経年変化が進んだ既存の防水層を不用意に覆った場合、気泡によるふくれなどのトラブルになることがあるので、慎重な事前検討が必要です。特に防水の立ち上がり部分や出隅入隅の処理、防水層上の設置物周りの処理などを失敗すると、旧防水層との間に水が入るなど、新たなトラブルとなりかねません。

防水（5）FRP系塗膜防水
防水面の歩行も可能

●FRP系塗膜防水の基本とポイント

小型船舶や家庭用浴槽などでおなじみの
FRP（Fiber Reinforced Plastic：繊維強化
プラスチック）を使った防水工法です。下地
への接着性が高く、防水性能と共に耐摩耗
性に優れ、露出仕上げでも表面の歩行が可
能とされています。

［図1］FRP樹脂製の小型船

ガラス繊維をポリエステル樹脂で固めることで堅牢な防水層画像が形成されていま
す。ここで使用されるポリエステル樹脂は正確には不飽和ポリエステルと呼ば
れるものです。別の分類の樹脂にペットボトルでおなじみのPET（Poly-Ethylene-
Terephthalateの略）があります。

● 工程

プライマー処理した下地にポリエステル樹脂を塗布し、ガラス繊維のマットを張
り付けます。ポリエステル樹脂は現場で使用する直前に硬化剤と混ぜ合わせて使
用します。

マットを張り付けた後、気泡をつくらないように、ローラーなどを使って空気を追
い出し、さらに樹脂を含侵させます。

一定時間経過後（半日から1日）硬化を確認し、はみ出した繊維の毛羽立ちや樹脂
の凸部などをサンダー（やすり板のついた回転工具）で削り取ります。平滑になっ
た上から再度ポリエステル樹脂を塗布し完了です。

廊下など歩行頻度の高い場所はマットによる補強を2層にする場合もあります。

● 長所と短所

防水層が硬く耐久性が非常に優れているのが特徴ですが、その反面、大きなひび割れなどの下地の動きには追随しにくいという弱点があり、それらを踏まえた選択が必要です。

また、工程の関係で工事期間がやや長いことや、作業が天候による影響を受けやすいことにも注意が必要です。

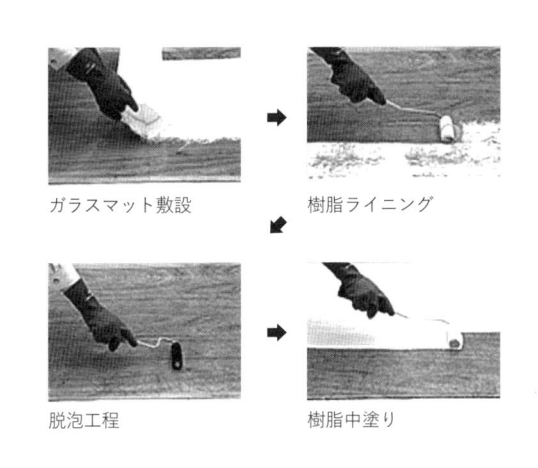

ガラスマット敷設　→　樹脂ライニング

脱泡工程　→　樹脂中塗り

（出典：FRP防水工業会ウェブサイト）

［図2］ FRP防水の工程および施工の様子

1 コンクリート 篇

2 プラスチック 篇

3 金属 篇

4 木材 篇

5 セラミックス 篇

6 その他 篇

防水（6）シート防水とは
継ぎ目が肝心

● シート防水の基本と特徴
工場でシート状に成形した高分子材料の防水層1枚を、下地に張り付ける工法です。シート材は工場で製造されるので、耐久性に優れた均一な厚さの防水層が得られるという特徴があります。工事期間が比較的短いのもシート防水の利点です。使われる材料別でみると、現在ポピュラーなものは**塩ビシート防水**と**ゴム系シート防水**です。
シート固定工法による分類があり、接着剤を下地とシート裏面全面に塗り張り付ける接着工法と、ビスや金属プレートを使って固定する機械式固定工法があります。機械式固定工法は、下地の乾燥不良やひび割れなどへの対応ができ、改修工事などで採用されますが、基本的に非歩行の場所限定です。

● 継ぎ目処理が重要
シートの継ぎ目の処理は材料により異なりますが、主に熱で溶着するか、重ね合わせて接着するかのどちらかです。
この継ぎ目処理に問題が起きやすいので、狭い場所・障害物が多くつぎはぎの多くなる場所・下地に段差のある場所などでは、やや採用の難しい工法といえるかもしれません。

● 短所とチェックポイント
シート自体は工業製品であり性能は保証されていますが、大きな温度変化による影響でシワやふくれ、あるいは継ぎ目溶着部・接着部の破断といった致命的なトラブルが発生する場合があります。凹凸が多い部位や1日の寒暖差が激しい部位など条件の厳しい場所では、定期的な点検が望まれます。

● 改修工事はかぶせ工法で

均一な防水層が比較的短期間で完成できるシート防水は、既存建物の改修工事に最も適しているとされています。この場合、古い防水層を撤去せず上から新規防水シートで覆うように施工するのが一般的で、この工法を**かぶせ工法**と呼んでいます。

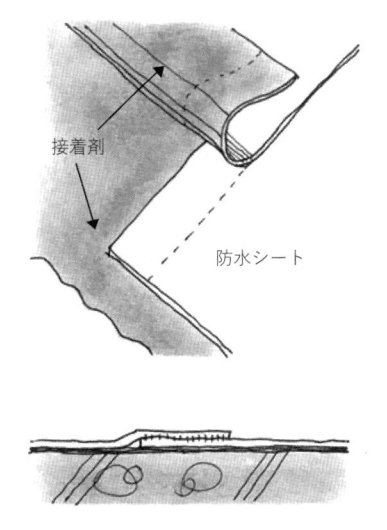

接着工法
・歩行が可能
・作業が天候に左右される
・風によるめくり上がりに強い

接着剤
防水シート

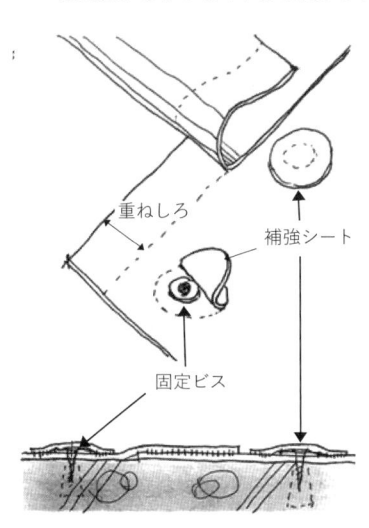

機械固定工法
・原則非歩行
・作業は天候の影響を受けにくい
・通気性があり下地の水分を逃がしやすい

重ねしろ
補強シート
固定ビス

［図］シート防水固定方法の違い（接着工法と機械固定工法）

1 コンクリート篇

2 プラスチック篇

3 金属篇

4 木材篇

5 セラミックス篇

6 その他篇

防水（7）塩ビ系・ゴム系シート防水
上を歩くかどうかで使い分け

● 塩ビ系シート防水

塩化ビニル系樹脂のシート1枚を、下地に接着または機械式に固定する防水工法です。シートは厚さ1.5mmが標準で、塗膜防水に比べ耐摩耗性や耐久性に優れており、接着工法であれば軽歩行には対応可能です。

塩ビ系シートは、ポリ塩化ビニル樹脂を使ってつくられており、紫外線やオゾンなどの影響も比較的受けにくいとされています。しかし、可塑剤（添加することで

プライマー塗布

接着剤塗布

ルーフィングシート張り付け、脱気

継ぎ目熱溶着

（出典：KRK高分子ルーフィング工業会ウェブサイト）

［図1］塩ビ系シート防水

柔軟性を付与する薬品）が抜けると材料が硬化してしまうという弱点があり、この対策をとった製品も現れています。

マンションの通路などでよく採用されるため、最近はデザインされた商品も多く、カラーバリエーションも豊富になっているようです。

● ゴム系シート防水

加硫ゴムシート1枚を下地に接着するかまたは機械式に固定する防水工法です。継ぎ目は重ね合わせに限られます。ゴムシートは厚さ1.2 ～ 2mmで柔軟性に優れており、下地の動きに追随しやすいという特徴があります。比較的安価な工法ですが、材料の性質上適用は原則非歩行の場所に限られます。

またちょっと意外なことにカモメやカラスなど、野鳥のついばみによる被害を受けやすく、地域によっては注意が必要です。

加硫ゴムは比較的紫外線の影響を受けやすいので、表面にトップコートと呼ばれる塗装仕上げを施し、耐候性を上げるのが一般的です。

ルーフィングシート張り付け

（出典：KRK高分子ルーフィング工業会ウェブサイト）

［図2］ゴム系シート防水

防水 (8) アスファルト防水

昔はみんなこれだった

● 塗膜とシート双方の要素をもつ

最も古く、信頼性も高い防水工法の1つです。

下地の上に熱で溶かしたアスファルトコンパウンドを流し、これを接着剤として何層もフェルトやルーフィングを敷き込み、防水層を構成する工法です。塗膜とシート双方の要素をもっています。

● アスファルト防水の材料

アスファルトは、原油から石油製品を精製する過程で最後に残るもののことで、それに鉱物粉や動植物油を加え性能を高めたものをアスファルトコンパウンドと呼びます。敷き込まれるシートは、不織布のフェルトにアスファルトを染み込ませたものを**アスファルトフェルト**、板紙に同じ処理をしたものを**アスファルトルーフィング**と呼びます。いずれもあらかじめ巻かれて現場に運び込まれます。

● 伝統的な熱工法の工程

かつては防水といえばアスファルトを連想するくらい、アスファルト防水はまさに標準的工法でした。

熱工法と呼ばれるやり方が標準で、石油バーナーの窯で融けた260℃前後の高温のアスファルトを1人が柄杓（ひしゃく）で床に撒き、相方がルーフィングなどのロールを転がし張り進めました。熟練を要し火傷の危険を伴う作業の上、釜から出る独特の匂いもあって敬遠され、徐々に使われなくなりました。

しかし、熱工法できちんと施工された防水層は、非常に信頼性が高く耐久性も優れていることは理解しておきたいと思います。

● 改良工法

これに替わり、改質アスファルトでフェルトやシートをサンドイッチしたルーフィングを、トーチ型のガスバーナーで炙りながら下地に張り付ける**トーチ工法**が開発されました。

また熱を使わず、常温塗膜材といわれる材料で改質アスファルトルーフィングを張り付ける工法も出現しています。常温工法と呼ばれ、塗膜防水とアスファルト防水の組み合わせともいえる工法です。

● 要求グレードに応える様々な組み合わせ

敷き込まれるフェルトやシートの枚数、断熱層の有無など様々な組み合わせがあり、要求されるグレードにより使い分けられます。

さらに、アスファルト防水層の上に、**押えコンクリート**と呼ばれる厚さ7 〜 10cmのコンクリートを打設する場合もあります。この工法は、耐候性の向上と歩行対策も兼ね、最もレベルの高い防水工法に位置付けられます。

アスファルトは、他の防水材に比べ紫外線などの影響を受けにくいので、比較的長寿命の防水工法といえます。

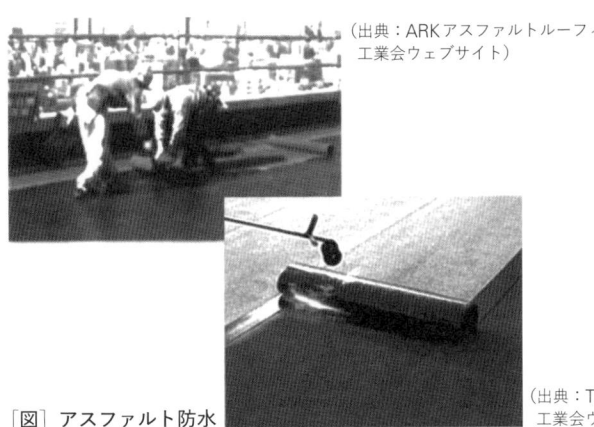

（出典：ARKアスファルトルーフィング
工業会ウェブサイト）

（出典：TRKトーチ工法ルーフィング
工業会ウェブサイト）

［図］アスファルト防水

防水 (9) シーリングとは

将来の劣化が不安

● シーリングとコーキング

シーリング（sealing）とは、封書の機密を保つため溶かしたロウをたらし、印章（seal）を押したことに由来し[図1]、現在は水密・気密を保つ行為の意味で使われています。別の建築用語で、天井をシーリング（ceiling）という場合があるのでご注意ください。

コーキング（caulking）は、木造船の側板の継ぎ目に繊維を詰めて止水することを指しますが[図2]、詰め物のニュアンスが少し感じられます。油性コーキングという防水材料があり、かつてガラスの固定などに多用されましたが、やせなどの劣化が早く近年はほとんど使われません。

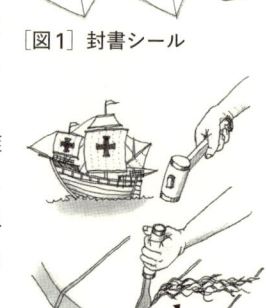

印章
(Seal)

[図1] 封書シール

マイハダ
（ヒノキやコウヤマキの樹皮
をほぐし繊維にしたもの）
[図2] 船の側板の詰め物
（コーキング）

● 定形シーリングと不定形シーリング

シーリング材は大きく定形と不定形に分かれ、定形シーリングにはPC版どうしの目地や、サッシにガラスをはめ込む際に使うガスケットがあります。蛇口や配管の継ぎ目などに使うOリングもこれに分類されます。

不定形シーリングは流動性をもつ材料を目地に充填するもので、後で硬化して弾性性状を示し、部材の動きに追随して防水性能を発揮します。

● シーリングに依存する現代の建築

現代の建築は外壁にPC版・ガラス・金属性パネルが多用され、シーリングの役割は非常に重要です。高層ビルの外壁部材は、地震時に独自の動きをするように

精密に設計されており、それらの接続部に使われるシーリングには、防水性を保ちつつこの動きに追随するという高度な性能が求められています［図3、4］。

一方、シーリング材は合成高分子材料のため、劣化時の対応の計画が不可欠です。特に直射日光と風雨に曝され大きな温度変化を受ける外壁や屋根部のシーリングは厳しい条件下にあり、これらに対する適切なメンテナンスや更新計画は重要です。建物の設計・施工・運用に関わるすべての人が、こういったシーリングの特性をよく理解しておくことが大切だと思います。

● 将来の劣化に耐えられるのか

全面をガラスで覆った最近の高層ビルでは、防水性能をシーリングのみに頼るものが多いように思えます。近代的でスタイリッシュなデザインのビルも、将来シーリングが劣化すると、漏水事故に見舞われる可能性があります。

よく見るとビルを使いながらシーリング更新工事が難しそうなビルも多く、今後建物運用上の悩ましい課題にならなければよいがと思います。

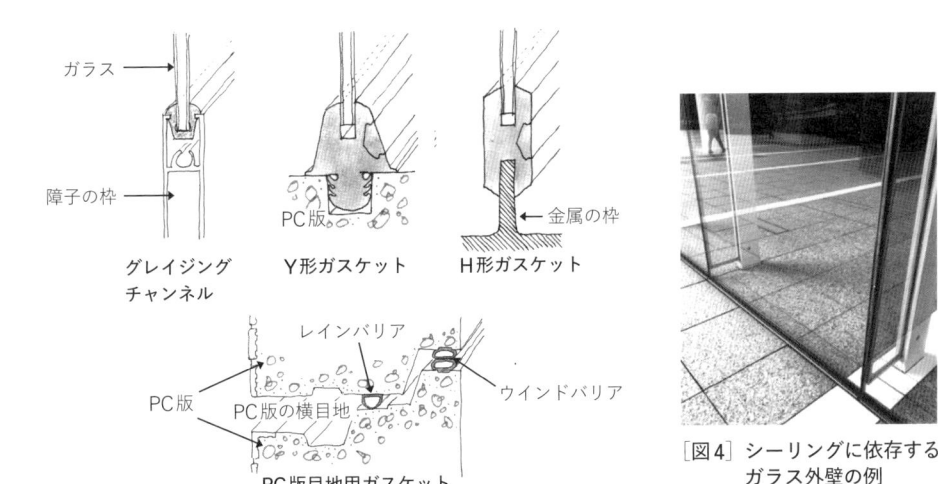

ガラス

障子の枠

グレイジング
チャンネル

PC版

Y形ガスケット

金属の枠

H形ガスケット

レインバリア

PC版

PC版の横目地

ウインドバリア

PC版目地用ガスケット

［図3］定形シーリング材の例

［図4］シーリングに依存する
ガラス外壁の例

防水（10）シーリングの施工

打ち替えの際のために知っておくべき

● シーリング工事の手順

シーリングは高分子材料の種類を問わず、工事の基本はほぼ共通です。目地の性能を左右するポイントがあるので、維持管理の知識としてシーリング工事の手順も知っておきましょう。ここではコンクリートの目地に例を取って見てみます。

① 下地の乾燥や汚れの状態を点検し、刷毛などで目地の中をきれいに清掃する（打ち替えの場合、劣化した古い材料が下地の接着を阻害するので入念に）

② 目地の両脇に、マスキングテープを貼る（材料がはみだして醜くならないよう、出来映えへの工夫をする）

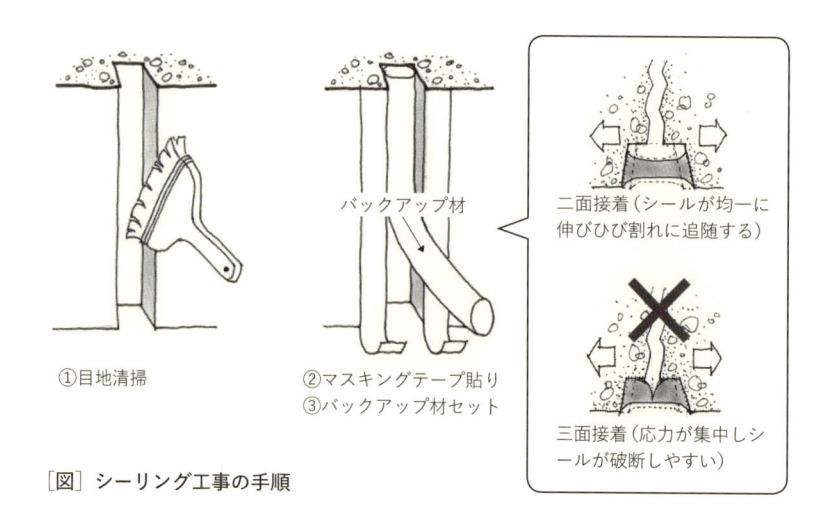

　　　　　　　　　　　　　　　バックアップ材　　　　　二面接着（シールが均一に
　　　　　　　　　　　　　　　　　　　　　　　　　　　伸びひび割れに追随する）

　①目地清掃　　　　　②マスキングテープ貼り　　　三面接着（応力が集中しシー
　　　　　　　　　　　③バックアップ材セット　　　ルが破断しやすい）

［図］シーリング工事の手順

③目地の底にバックアップ材と呼ばれる緩衝材をセットする（目地幅と必要な厚みにより、形状は薄いテープ・角型・円筒など、材質は発泡ポリエチレンなどがある。シーリングは目地の両側面のみに接着させ、奥の面とは絶縁するのが原則（二面接着）であり、この材料をボンドブレーカーとも呼ぶ）

④小さな刷毛などを使って目地全体にプライマーを塗布

⑤コーキングガンにシーリング材をセットまたは充填（既製品のカートリッジはセットするものだが、2液性の材料は使用直前に主剤と硬化剤を混合し撹拌したものを、ヘラなどでガンに充填する）

⑥目地の上から下に向け、材料を押し出しながら充填

⑦金属製のヘラやスプーンを使って材料を押し付け、目地奥まで充填を確認し、同時に目地表面を平滑に均す（必要な目地断面の確保と出来映えを決定する作業）

⑧最後にマスキングテープを外し、終了
（材料が硬化し触れても手につかなくなるまで（タックフリー）は絶対に触らないこと。材料や気候にもよるが一般的には一昼夜以上の時間が必要）

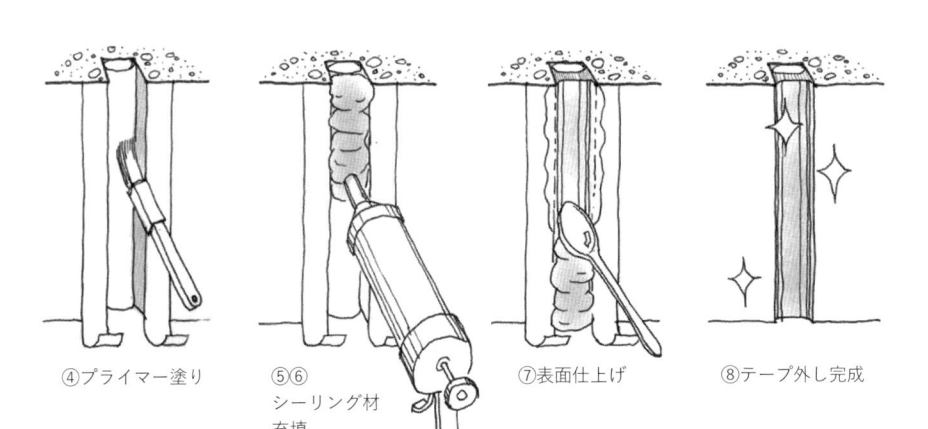

④プライマー塗り　⑤⑥シーリング材充填　⑦表面仕上げ　⑧テープ外し完成

防水（11）シーリングの種類

使用場所で異なる

不定形シーリング材は求められる性能や使用条件により多様な種類があります。大きな区分として成分数による分類（1成分系・2成分系）と硬化方式による分類（反応硬化型・酸素硬化型・湿気硬化型など）があります。

よく使われるシーリング材について身近なものから見て行きましょう。

●アクリル系

アクリル樹脂を主剤とし、基本的に水溶性なので扱いやすい材料です。ホームセンターにはチューブやカートリッジ入りの製品が多く見られ、タイル目地の修理などにも使われます。塗装など仕上げ材との接着が良く、復元性が良い（低モジュラス）ので、材料表面がもろいALC版の目地に使われています。

耐候性や耐水性はあまり高いとは言えず、厳しい防水性能を求められる場所にはあまり使われません。最終的に20〜30％の体積収縮があるのも弱点の1つです。

●ウレタン系

台所のスポンジなどの素材としておなじみのウレタン樹脂からつくられる材料で、ポリウレタン系とも呼ばれます。復元性や耐油性などに優れており、比較的低価格なので汎用シーリング材として多くの場所で使われています。

耐候性や耐熱性・耐水性はシリコーン系やポリサルファイド系に比べると劣ります。素材が合成された瞬間から加水分解による劣化が始まる性質なので、屋外では保護層として塗装仕上げが望まれますし、定期的な塗り直しも必要です。

コンクリート打ち放しやタイル張りの外壁の目地など、比較的動きの少ない目地に多用されていますが、直射日光に曝される屋上のパラペットの継ぎ目など、温度条件の厳しい場所では劣化の進行が速く、定期的な点検にも注意が必要です。

● ポリサルファイド系

塩化ビニルの製造などにも使われる2塩化エチレンという化合物に、加硫と呼ばれる硫黄成分を加える工程によって、弾性をもたせた高分子材料です。ポリサルファイド系は耐候性・耐酸性などに優れ、汚染の問題も少ないので汎用シーリング材として比較的安定した性能を示します。ただし、復元性はそれほど高くないので、PC版や金属パネルの接合部など動きの多い場所には適しません。

また施工時の気温が可使時間や硬化時間に影響するので寒冷地では要注意です。

● シリコーン系

ガラスや石英などに含まれるケイ素と酸素を骨格とする化合物をシロキサンと呼びますが、シリコーンはシロキサン結合を主骨格とする高分子化合物です。結合が強固なので耐熱性などの優れた特性があります。

これを使ったシリコーン系シーリング材は耐候性や耐久性などが極めて高く、高層ビルのガラスカーテンウォールあるいはPC版の継ぎ目など、確実な耐水性が

［図］ブリード

求められる場所に多く使われます。一方、撥水性があるので保護層としての塗装が乗りにくく、他のシーリング材料との接着性も悪いので、改修工事などでは使用が難しい場合があります。また、主に成分中の可塑剤が原因とされる**ブリード**という目地周りの汚染には十分な注意が必要です。

● 変成シリコーン系

シリコーン系の短所を改善し、上塗り塗装への対応や他のシーリング材との接着も可能にした材料です。化学的には、シリコーン系とは別ものとされますが変成シリコーンに分類されます。

対象物の動きに追随する復元性もよく、汚染防止対応したノンブリードタイプもあり、改修工事を含め非常に使いやすい材料です。ただし、耐熱性や耐候性とガラスへの接着性などはシリコーン系より劣るとの評価もあります。

塗装工事
化粧か日傘か

● **塗装の目的**

どんな建物でも塗装はつきものです。

定義としては、塗料を適当な方法で下地に塗り付けて薄い膜をつくり、これを乾燥させて塗膜を得る工程、ということができます。

その目的は、一般的には美観の向上、つまり建物をきれいに美しく見せる、つまり化粧のようなものと考えられています。

もちろん間違いではありません。しかしそれ以外に塗装には**下地材を劣化から守る**という役割もあります。紫外線や風雨に曝される防水材や金属（特に鉄）にとって、塗膜という保護層はありがたい日傘のような存在ともいえます。

また近年では、熱や音・電波・磁気などを吸収あるいは反射させるなどの目的で、塗装が施される場合もあります。

● **塗装膜は薄いので劣化は早い**

塗料にも高分子材料が使われており、したがって塗装にも劣化は避けられません。むしろ塗膜は厚みが薄い分だけ劣化進行が早く、褪色（色褪せ）・変色・チョーキング（白亜化。後述）・発錆といった顕著な劣化現象が意外に早く起こるのはご承知の通りです。

● **塗料の成分構成**

塗料の成分をその機能から分解すると、次のようになります。

①連続した被膜をつくる成分：展色材と顔料に分かれる

②うすめ液や溶剤成分：揮発して塗膜にはならない

③顔料：膜に色や隠ぺい力を与える

顔料はさらに以下の２つに分かれます。

・体質顔料：塗料液の流動性や塗膜の機械的性質を強化する

・着色顔料：塗膜を着色する

着色顔料には比較的安価な無機顔料と、高価ですが表現できる色範囲の大きな有機顔料があります。

顔料は鉱物などの微粉末なのでそれ自体は白っぽい状態ですが、塗膜形成材の樹脂などに混ざる（濡れる）ことで本来の色を示します。

塗装面の色彩の見え方には光の反射が大きく関係しています。

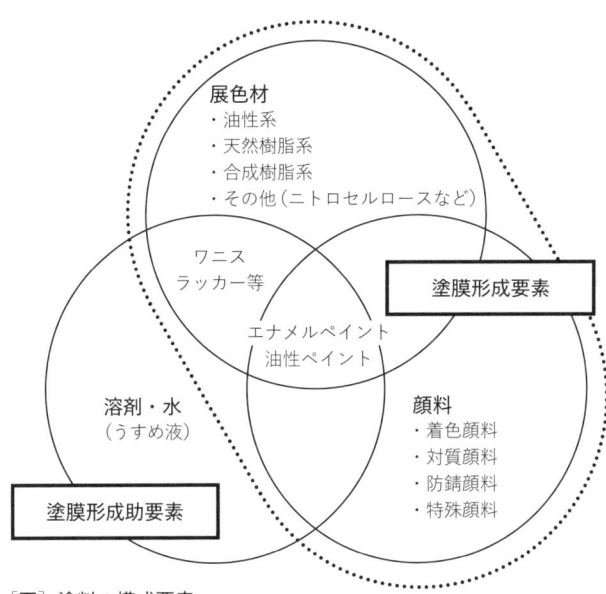

展色材
・油性系
・天然樹脂系
・合成樹脂系
・その他（ニトロセルロースなど）

ワニス
ラッカー等

塗膜形成要素

エナメルペイント
油性ペイント

溶剤・水
（うすめ液）

顔料
・着色顔料
・対質顔料
・防錆顔料
・特殊顔料

塗膜形成助要素

［図］塗料の構成要素

塗装の劣化

色あせ・粉吹き

● 褪色・変色

塗装の劣化が進むと、まずその色彩の鮮やかさや冴えが徐々に失われ、やがて色あせが起こり、場合によっては白っぽく変色します。特に直射日光に曝される部位では、塗装のグレードにより耐久時間の差はあるにしても、避けられない現象といえます。

これは、塗膜の構成成分や顔料の中の高分子材料が、紫外線や熱などのエネルギーによってダメージを受け、分子間の結合力が低下することによって、肉やせなどを起こすからと考えられています。

その結果、塗膜を形成する要素である樹脂が光沢を失うことで、光の反射が変わり、色彩や明度が変化して見えるということです。

● チョーキング

褪色がさらに進み、塗装面の表面が白っぽく粉を吹いた状態になる現象を**チョーキング**（chalking：白亜化）と言います[図1]。経験した方が多いと思いますが、塗装面を指先で軽くこすると、チョークの粉のように白い粉が付くのでこう呼ばれます。

これは塗膜の劣化が進んで肉やせが進み、塗膜内部の顔料が塗膜表面に露出し脱落している現象です[図2]。

美観的にももちろん好ましくありませんが、下地材保護のために必要な膜厚が減少していることを示しており、**塗り替えや補修を判断するサイン**ともいえます。

特に外部の扉やパネルなどの鉄部の塗装については、塗膜が薄くなるとすぐに錆び始めることがあり、早期の対応が必要です。

［図1］チョーキング

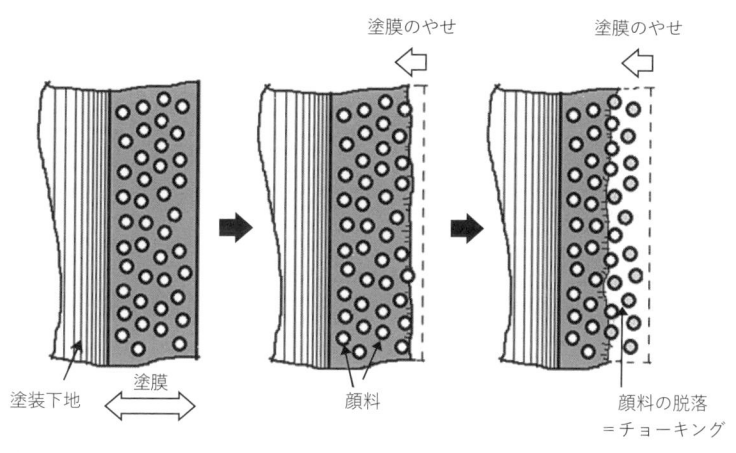

塗膜のやせ　　　　　　塗膜のやせ

塗装下地　塗膜　　　　　　　顔料　　　　　　顔料の脱落
　　　　　　　　　　　　　　　　　　　　　＝チョーキング

［図2］チョーキングが起きるプロセス

23

塗料の種類
膜の材料で分類

塗料には様々な分類方法がありますが、ここでは展色材（塗膜を形成する要素）の材質による分類で、建築に使われる主な塗料を挙げ、その特徴などを見てみましょう。

● 油性ペイント
油ワニス・ボイル油・油性調合ペイントなど古くから使われている塗料です。塗装作業性が良く刷毛塗りに適しており、揮発成分が少ないので塗装回数が少ないことや、素地との付着性が良いなどの長所があります。

一方、乾燥が遅いので塗装に時間がかかることや、塗膜が光沢に欠け、耐候性・耐薬品性・耐水性があまりよくないという欠点もあります。

油性調合ペイントは、工場でボイル油に顔料を練り込んで調合したもので、昔はペンキ塗りといえばこの塗料を塗ることを指していました。

建築設計図の仕上げ表では一般的に略称**OP**（oil paint）と表記され、かつて室内外の多くの部位に使われていました。環境条件にもよりますが、耐用年限としてはおおむね5年と言われています。

● 合成樹脂ペイント
油性ペイントに使われるボイル油を長油性アルキド酸樹脂ワニスという材料に変えたもので、塗料の乾燥を早め光沢も向上します。ホームセンターなどで見かけるDIY用の塗料の多くはこれです。設計図などでは**SOP**という略称で表記され、鉄骨部分の塗装などに幅広く使われています。

耐候性・耐薬品性・耐水性は油性ペイントより若干向上すると言われています。

● 合成樹脂エマルションペイント

合成樹脂と顔料を、乳化という技術で水に分散させた水溶性のペイント（**EP**）で、**水性ペイント**とも呼ばれます。木質系下地やセメント系の下地によくなじみ、有機溶剤を使わないため化学物質が揮発しないという利点があり、大気汚染の心配がないので、このところ使用量が増えています。

アクリル樹脂を使ったものは**アクリルエマルションペイント**と呼び、壁などの仕上げに多用されます。

一方で、塗膜に光沢が少なく、施工時に温湿度の影響を受けやすいという欠点があります。

● 錆止めペイント

特殊油性ペイントとして分類されますが、鉄骨など鋼材の防錆を目的とした塗料です。顔料に鉛から製造される鮮やかな橙色をした鉛丹（Pb_3O_4）を使い、ボイル油を展色材としています。

上塗りにペイント塗装される場合も多いので、塗膜は堅牢で耐候性や耐水性にも優れます。

● ステイン

主に木質系下地に着色するための塗料で、着色剤とも呼ばれます。ステイン（stain）には汚れやシミなどの意味があり、木材に染み込ませて木目を強調し、味や時代を出すために使われます。

溶剤としてボイル油やワニスを使ったものを**オイルステイン**（**OS**）と呼び良く使われますが、塗膜ができないので耐候性は期待できません。

仕上げ用塗材
吹き付けタイルなど

● 建築用仕上げ塗材

塗料とは違う分類になるのですが、主に外装仕上げに用いられる塗装についても触れておきたいと思います。

JISで「建築用吹付材」という分類でしたが、1984年の改正で**建築用仕上げ塗材**と呼ばれるようになった材料で、ポピュラーなものを見ていきます。

● 薄付け仕上げ塗材

塗り厚1〜3mm程度の単層仕上げ塗材で、一般に**リシン吹き付け**と呼ばれ、比較的低コストの仕上げ材として親しまれています。

塗膜構成要素にセメント・合成樹脂エマルションを使い、骨材・無機質粉体・顔料を混ぜ合わせたものを基本的に1層で吹き付けます。ザラザラした砂壁上の仕上げが特徴ですが、透湿性が高く防水性にも劣るので、あまり外壁には使われなくなりました。

ゴム系樹脂などを加えて弾性をもたせた弾性リシンもありますが、塗膜が薄いのでやはり高い防水性は期待できません。

雨のかからない天井や屋内部分では今でも多く使われています。

● 厚付け仕上げ塗材

主に外壁の仕上げに使われ、一般には**スタッコ仕上げ**などと呼ばれています。塗膜は5〜10mm程度あり、立体的な陰影を付けやすくしています。主材はセメント系・合成樹脂エマルション系など塗膜構成要素に骨材や無機質粉体などの骨材を混ぜ、粘度調整したものです。厚みを付けるため骨材も大きめのものが入ります。

下地にシーラー処理を行った後、吹き付け工法で単層を一気に仕上げますが、柔らかいうちにコテやローラーで押さえ独特のパターンをつくることもあります。また防水性能や汚れ防止のためトップコートを上塗りする場合もあります。

重厚感がある一方で汚れがつきやすいという問題もあり、塗膜厚の割に防水性は低いという評価もあります。

重量もあるので木造住宅の場合などでは、下地をしっかりとしたものにしておくことが必要です。

● 複層仕上げ塗材

いわゆる**吹き付けタイル**と呼ばれる塗装で、下塗り・主材・上塗りの3層からなり、塗膜厚さは2〜5mmほどです。

材料としては厚付け仕上げ塗材とほぼ同じですが、アクリルゴム・ウレタンゴムなどを使って塗膜に伸び性能をもたせ、下地のひび割れに追随させ防水性能を高めたものもあります。

3層にすることで、凹凸状・ゆず肌状・クレーター状など様々なテクスチャーが可能で、美観にも優れ人気があります。

耐候性にも優れているので吹き付け系の外装仕上げでは最も人気が高く、多数のメーカーがこの分野の商品を製造しています。

かつてエポキシ系樹脂などを使って丈夫な塗膜を狙った塗料があり、タイルのような堅牢な仕上げから吹き付けタイルと呼ばれ、オフィスビル工事などによく使われた時代がありました。

ボンタイルという製品がその代表格で、吹き付けタイルの代名詞にもなりました。

［図］複層仕上げ塗材の例

内装材（1）床仕上げ
見た目の違いはわかりにくいが

● 床材に多用されるプラスチック
耐久性・経済性が高く柔軟性もあるので、床仕上げ材にもプラスチックが多用されています。比較的ポピュラーなものについて特徴や注意点を挙げますが、外見だけで材質を判断せず、メンテの前に必ず設計図（仕上げ表）で確認しましょう。

● ビニル系床タイル
塩化ビニルに炭酸カルシウムなどを混ぜ、薄い板状に成形した床材です。よくPタイルと呼ばれますがこれは先発した田島ルーフィング社の商品名で一般名ではありません。樹脂や可塑剤などの配合比率によりホモジニアスとコンポジットに分かれます。歩行感・耐摩耗性・耐水性に優れ、デザインも豊富なので多くの建物に採用されています。性能や美観を維持するために、汚れをきちんと落とした上で定期的なワックス掛けが必要です。

［図1］ビニル系
床タイル

● ビニル系床シート
一般的に長尺塩ビシートと呼ばれる床材で、床タイル同様に耐摩耗性に優れ、難燃性・耐薬品性・耐水性も高いことから学校・病院・官公庁など多くの建物で使われています。継ぎ目は溶接処理されるのでシームレスとなり清掃しやすく、デザインも豊富なので汎用床材の代表的存在となっています。表層の下に発泡塩ビ層を挟み、歩行感や保温性・遮音性を高めたクッションフロアは、集合住宅などに使われ高い人気があります。

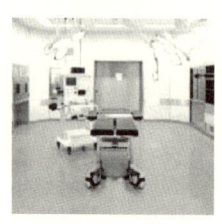

［図2］ビニル系
床シート

トラブルが起きやすいのは継ぎ目部分で、接合部の溶着がうまくいっていないと隙間が生じ、めくれるきっかけとなります。

● リノリウム

アマニ油を酸化させコロイド状にしたものに、コルク粉末やおがくずを混ぜ、麻布などに固着させた床材で、天然素材でつくられた長尺床材として古い歴史をもっています。耐摩耗性や弾性に優れており歩行感も良いので転倒事故のリスクを少なくしたい病院や小児用施設の床などによく使われています。

一方で酸やアルカリに弱く通常の床用洗剤・剥離剤やワックスを使うと変色することがあり、注意が必要です。またこすりすぎると表面が荒らされ内部に水分が浸透しやすくなるので、粗目のパッドによる研磨は厳禁です。

● タイルカーペット

通常50cm角の正方形に加工したタイル状のカーペットのことで、基布の上にナイロンなどのパイル（糸の束）を刺繍し、塩化ビニルのバッキング層で裏打ちし固定したものです。接着剤などを使わず、置いて敷き詰めるだけなので、汚れた部分だけを交換でき、配線工事などの一時的な取り外しが簡単など、施工やメンテナンスに有利です。大半のオフィスビルは、コンピューター配線対応のため二重床構造ですが、床の最終仕上げはほぼタイルカーペットで、ごく一部がゴム系の静電防止タイルと思われます。

メンテナンスは定期的なバキュームが必要で、シミや汚れはぬるま湯や中性洗剤での対応が原則ですがアルコールやベンジンも使用可能です。

［図3］タイルカーペット

（図1〜3出典：塩ビ工業・環境協会ウェブサイト）

内装材（2）壁・天井仕上げ
主役はビニルクロス

● 壁面仕上げの主役・ビニルクロス

人が大部分の時間を過ごす事務所や居間・寝室など、いわゆる居室の壁および天井の仕上げは、おそらく塗装とクロス仕上げでほぼ大半を占めていると思います。そして、現在クロスと称しているものの大半はビニルクロスに分類されます。正式には塩化ビニル樹脂系壁紙といいます。塩化ビニルをシート状にして、紙で裏打ちし、表面にエンボス加工など型押し加工やプリント加工で模様をつけたものです。色やデザインなど多様な製品があり、消臭・抗菌・防カビ・防汚などの機能をもった製品も開発されています。施工が比較的簡単なことと、量産性に優れ低価格なため、壁面や天井面の仕上げの主役となっています。

ただし、塩化ビニルが原材料なので、紫外線による影響は避けられず、直射日光に当て続けると黄ばみや変色が起こり、ちぢみといった劣化が早く進みます。できればカーテンなどで日光の直射を避けたほうが長持ちします。

● 手入れ方法と張り替えのタイミング

表面仕上げの程度にもよりますが、空調機の吹き出し口や換気グリル周りのビニルクロスには、ほこりなどの汚れが付きやすいものです。水を固く絞った雑巾で拭き取ればほとんどの汚れは落ちます。落ちにくいときは家庭用の中性洗剤を使うのが効果的ですが、表面に残った洗剤を完全に拭き取り、乾拭きも忘れないでください。

ただし、メラミン製のスポンジなどで強くこするのは、表面のツヤを落とし逆に汚れをつきやすくさせるので避けるべきです。

劣化の進行によりクロスがちぢみ、見えなかった継ぎ目が目立つようになると、一層汚れがたまりやすくなります。クロスの張り替え時期の目安と考えましょう。

● 隅に貼られているシールは何？

よく壁の隅などに貼られている四角いラベルは、防火施工管理ラベルといい、建築基準法に基づいて表示されており、その材料が一定の防火性能をもつことを示すものです。

下地材との組み合わせで、不燃材料・準不燃材料・難燃材料の3区分があり、国土交通省の指定性能評価機関が認定した材料に、壁装施工団体協議会などが発行します。

輸入品であっても性能が担保されれば認定は受けられますが、改修工事では個人輸入などでもち込まれた認定外の材料が使われることがあり、注意が必要です。

赤色　　　緑色　　　青色

［図］防火施工管理ラベル

（出典：日本壁装協会ウェブサイト）

チャレンジャー号爆発事故

　1986年1月28日、アメリカのフロリダで、NASA（アメリカ航空宇宙局）のスペースシャトルチャレンジャー号が、打ち上げ直後に爆発し、乗員7名が死亡するという衝撃的な事故が起きました。

　爆発の直接的原因は、燃料補助タンク接続部にあるゴム製のＯリングという気密部材が発射当日を襲った記録的な寒さのため弾力を失い、その結果燃料漏れを起こし飛行中に引火したというものでした。高分子材料の性能低下を無視し強行した打ち上げが、大きな議論を呼びました。

　しかし、その後の調査でその背景にNASAやメーカーの安全管理体制の不備、不適切な部材設計、関係者間の意思疎通の不全などがあることが次々と明らかになります。

　天候のトラブルで再三の打ち上げ延期に焦るNASA担当者、設計条件を大きく下回る気温低下のため危険と打ち上げ中止を訴えるＯリングメーカー技術者、業績重視でNASAの意向を優先するメーカー経営層など、様々な立場の人々のドラマもありました。

　この時Ｏリングの開発と製造を担当したのがモートン・チオコール社という会社で、かつてチオコール（Thiokol）という商品名でポリサルファイド系シーリング材を初めて日本に持ち込んだ企業でした。当時日本ではシーリング材料は低品位の油性コーキングしか存在せず、チオコールは優れた技術を象徴する製品名として筆者の印象に残っていたので、この事故は非常に衝撃でした。その後、同社は社名を改め、現在はアメリカの航空宇宙・防衛企業となっています。

3

金属 篇

01 ———————

建材としての金属
建築材料の花形

現代の建築は、多様な金属によって支えられています。

構造体はもちろん、あらゆる設備機器や配管などを構成し、仕上げ材としても重要な存在であり、その種類も徐々に増えています。

この章では、そのうち主要な金属の特性や劣化について見ていきますが、ここでそれらの概要についてまとめておきましょう。

● 鉄

紀元前1400年頃、ヒッタイトが最初に鋼を開発し鉄を武器や道具とする文化を築き上げて以来、鉄は人類の歴史に深く関わっています。

現代の建築でも、構造の主役である鉄骨や鉄筋、ドアやシャッターや壁パネル、天井裏の軽量鉄骨下地、環境設備を構成する機器や配管……、あらゆる場所で鉄が使われており、鉄はまさに金属建材の代表選手といえます。

鉄は、鉄鉱石を主要原料として生産され、製鉄と製錬という2つの工程を経て建材に加工されます。含有する炭素量によって、鋳鉄と鋼（鉄鋼）に区分されます。

● アルミニウム

製錬に多くのエネルギーを要することから、大量に使うことが可能になったのは近代に入ってからという比較的新しい材料です。純粋なアルミニウムは建材としては使いにくいので、実際には数種類の金属との**合金**の形で使われています。

外壁のサッシやカーテンウォール、あるいは内装の各所に使われ、軽量で加工性が優れ、美しい輝きとデザイン性をもち、その上長寿命という非常に優れた特長をもった建材です。

● 銅

電導性が良いことから、電線としての使用量が多いのですが、腐食しにくい特性を生かして、お湯や空調用冷媒の配管などにも使用されます。さらに銅合金は、継ぎ手など設備配管の各所に使われます。日本の伝統的な屋根仕上げである銅板葺きとしての需要もあります。

● ステンレススチール

鉄にクロムやニッケルなどを混ぜ、合金にしたものがステンレススチールです。錆びにくく光沢のある外観を保つことから、主要な出入り口や外装のパネルなど、錆びさせたくない場所や美観を求められる場所に多く使用されます。
金属の配合を変えることで多様な製品ができ、設備配管周りの器具や流し台など、多くの需要があります。

● 亜鉛

単独で建材として使われることはありませんが、**亜鉛メッキ**という形で、鋼材を腐食から守るという重要な役目を果たします。
亜鉛メッキには、電気亜鉛メッキと溶融亜鉛メッキの2種類があり、用途によって使い分けられます。

● チタン

1946年に実用化された新しい金属建材で、軽量で非常に高い耐食性能を持ち、半永久的にメンテナンスが不要という理想的な特徴を備えています。開発当初はコストが高く、航空宇宙分野や医療分野、ゴルフクラブのヘッドなどに利用が限定されていましたが、日本では1970年代から使われ始め、腐食性ガスを含む環境の屋根などに採用されています。
硬くて加工が困難という弱点が改良され、今後さらに需要が広がると思われる金属です。

02

金属の劣化（1）金属腐食
錆びて当たり前の心づもり

● 金属の劣化の種類

金属にも劣化現象があり、いくつかに分類できます。代表的なのは、**鉄の錆に代表される金属腐食**で、大変身近なものです。また航空機や列車の事故の要因にもなる、目にも見えにくい**金属疲労**という厄介な劣化現象もあります。

水素の影響によって起こる水素脆化や、アルミ合金などに起こる**時効**という金属劣化もあります。

● 金属腐食の原因

これらの中で、建材を考える上で最も重要なのが**金属腐食**です。

これは、金属表面の原子が酸化還元反応によって**イオン化**し、金属表面から脱落して進行する現象です。これには、金属の溶液中におけるイオンへのなりやすさを示すイオン化傾向が関係しています。

イオン化傾向の大きい金属は腐食（酸化）しやすく、反対に金や白金などイオン化傾向の低い金属は腐食しにくいとされます。

イオン化傾向	K	Ca	Na	Mg	Al	Zn	Fe	Ni	Sn	Pb	(H₂)	Cu	Hg	Ag	Pt	Au
	大 ←															→ 小
空気中での酸化	すぐ酸化			加熱により酸化		強熱により酸化								酸化されない		
水との反応	冷水と反応			沸騰水と反応	高温で反応		反応しにくい									
酸との反応	希酸と反応してH₂を発生								酸化力のある酸に溶ける						王水に溶ける	

[図1] イオン化傾向と金属腐食（酸化）の関係

したがって腐食させないためには、イオン化傾向の比較的低い金属でメッキするなど、酸化還元反応が起きにくくすることが有効です。

● 錆は最も安定した状態

「物質は最も安定した状態に移行したがる」という考え方があります。例えば鉄鋼は、何億年もの間、酸化鉄として安定して存在していた鉄鉱石を、1,500℃以上の猛烈なエネルギーをかけて還元し、製錬して純度を上げてつくられます。しかしピカピカの鋼板も、水分を含む空気中に放置するとすぐ錆び始めます。これは不安定な状態の鉄鋼が、安定した酸化鉄に戻りたがる、というものです。

つまり、鉄が錆びる（酸化鉄に変わる）のは、それが鉄にとって最も安定した状態だと考えるわけです。

他の材料にも共通することですが、劣化とはその物質が最も安定した状態に戻ろうとする、ごく自然なふるまいでもあります。

金属を取り扱う上で、錆びて当たり前・必ず錆びる、の心づもりでいると、それを防止あるいは遅らせる手立てを理解しやすくなります。

それは、とにかく金属を酸化要因である水や空気から遮断すること、つまり**被膜をつくること**です。そして被膜自体が劣化するものは、適切な時期に更新が欠かせないということになります。

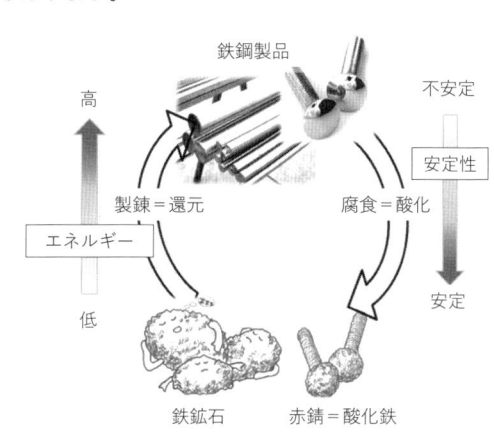

［図2］酸化還元と金属腐食の関係

金属の劣化（2）鉄錆

発生のメカニズムを知る

● 鉄錆のできるプロセス

鉄の構造は、鉄の原子とその間にある自由電子（e^-）から成り立っていますが、この原子は非常に強力に手をつなぎ合っています。その間を、原子の中でも比較的自由に動ける自由電子が埋めているのです。鉄は乾燥していればこの状態で安定しています。

①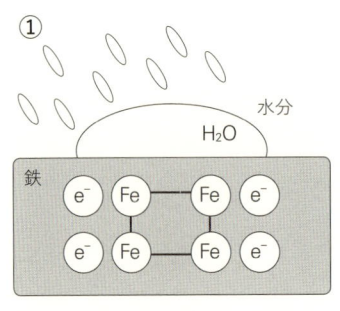

鉄 Fe_2 の表面に水分が付く

②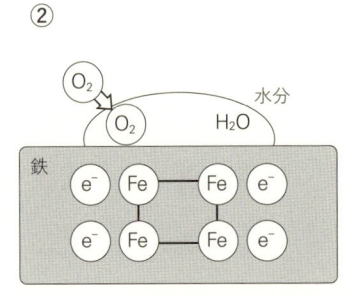

水分中に空気中の酸素 O_2 が溶け込む

③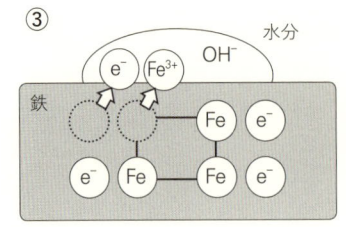

鉄の表面の原子が電子 e^-（自由電子）を放出し、鉄の Fe^{3+} 陽イオンとなって水中に溶け込む。この時鉄から出た電子を使って水中に OH^- の陰イオン（水酸化イオン）ができる

［図］鉄錆発生プロセスのイメージ

しかしここに水が関与すると**イオン化**が起こります。さらに、周りの酸素が水中に取り込まれると自由電子が水分に取り込まれ、マイナスの水酸化鉄イオンになります。

一方で鉄は、電子が奪われたためにプラスの鉄イオンになります。この鉄イオンはさらに電子を引き寄せて、酸素と水素原子と結合するのです。この状態で水が乾燥すると、水素原子と酸素原子が蒸発して酸化鉄が完成します。

これが鉄錆の発生メカニズムで、原子と電子の間で酸化と還元が目まぐるしく行われているというわけです。

金属表面の原子がイオン化して錆になるプロセスを、鉄の例で簡略に示すと以下のようになります。

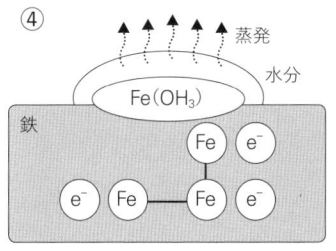

④ Fe^{3+} と OH^- が結合し $Fe(OH)_3$（水酸化鉄III）ができる

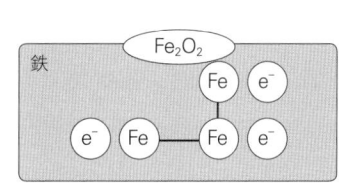

⑤ 水分が蒸発すると Fe_2O_2（酸化鉄）となり錆となる

1 コンクリート篇

2 プラスチック篇

3 金属篇

4 木材篇

5 セラミックス篇

6 その他篇

04

金属の劣化（3）金属疲労
目に見えにくい劣化

● 金属疲労とは

金属の劣化要因は、酸化現象による腐食以外にもいくつかありますが、近年注目されているのが**金属疲労**という現象です。1985年の日航ジャンボ機の事故や2007年のエキスポランド（大阪府）のジェットコースター事故の原因が、金属疲労だったことで広く認識されるようになりました。弱い力であっても長期間繰り返しかけられると、その部分の金属が脆くなり、やがて小さな亀裂が生じ、破断に至るというものです。

長期間ストレスに曝されると、金属内部で原子の配列がごくわずかずつ乱れ、元の配置に戻らなくなることが原因とされ、**塑性変形**する金属の宿命ともいえる現象です。

建物では、常に流体振動を受ける細い配管や、24時間高速回転するファンのブレードなどに金属疲労によるトラブルの可能性があります。

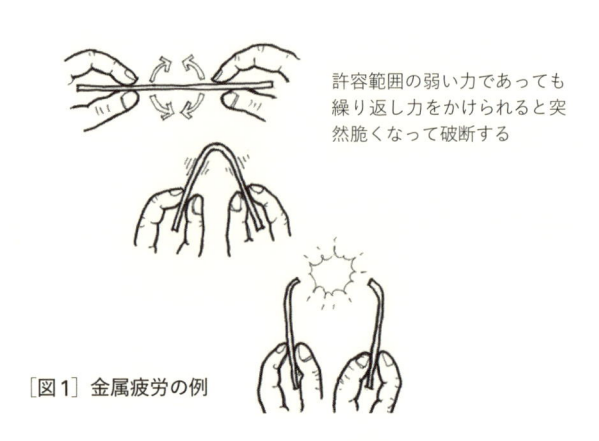

許容範囲の弱い力であっても
繰り返し力をかけられると突
然脆くなって破断する

［図1］金属疲労の例

● 金属疲労の対策とチェック方法

金属疲労の進行度合いを目視で把握することは困難であり、もし目に見える亀裂が発生していれば、破断寸前の緊急事態といえます。

この影響を考慮すべき部材には、設計時点で強度に相応の余裕をもたせ、表面仕上げを平滑にするなどが対策とされています。

交通機関などの重要部品では、使用時間（稼働時間）などに一定の制限を設けることも日常的に行われています。安全と思われる期間内に更新するという思想です。

鉄道関係などでは、車輪やフレームなど金属疲労の可能性のあるパーツを常に点検用ハンマーで打診し、音を聴いて目に見えないひび割れなど異常の有無を把握する方法が採用されています。タイルの浮きの点検と同じで、聴覚と経験による手法ですが、感覚を研ぎ澄ませ、正常時の音との違いが聴き分けられれば、大きなトラブルに至る前の対応が可能になります。

設備配管や回転機器の点検、また各種ナットのゆるみなどのチェックにも有効な手法です。

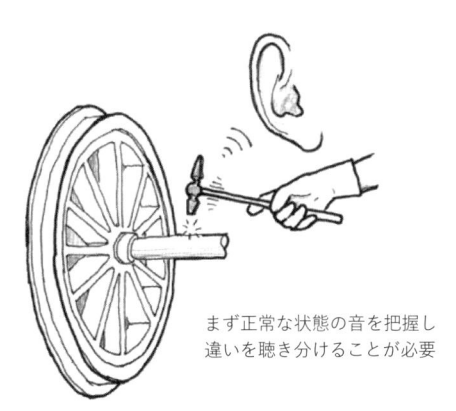

まず正常な状態の音を把握し
違いを聴き分けることが必要

［図2］打音検査のイメージ

金属腐食の対策

被膜をつくることに尽きる

● 金属腐食の種類

金属腐食は、水の関与の有無で乾食と湿食に分かれ、またその形態によって8種類に分類されます［表］。腐食の原因が正確に把握できていないと、正しい対策が取れないことになるので注意が必要です。

一般的なのは**全面腐食**と**孔食**ですが、配管などで起こる**応力腐食割れ**、アルミなどで見られる**異種金属接触腐食**にも注意が必要です。種類の異なる金属が接触し水が介在すると、電位差により局部的な電池ができ、電流が流れて腐食を起こすものです。

● 金属腐食の防止は被膜による絶縁

先述した通り、金属腐食の対策は、金属を腐食の要因である水や酸素から絶縁すること、いわば**被膜をつくること**に尽きます。

被膜は、その材料によりメッキなどの金属被膜と、塗装など非金属被膜に分かれます。金属被膜は電気的な処理によって素地と被膜が一体になり、長期に性能が期待できます。塗装被膜は比較的簡便ですが、メンテナンスが重要になります。塗料もまた劣化する高分子製品であり、経年により膜厚が減少するからです。また、針で突いたような小さな欠陥（ピンホール）から腐食が始まることもあり、塗膜への過度の信頼は禁物です。　被膜とは別に、水中・土中の構造や施設などに適用される電気防蝕という技術もあります。

● 金属面の下処理が肝心なのですが…

被膜による絶縁は金属面の下処理が極めて重要です。

鋼材でいえば、まず錆を完全に落とし腐食していない面を出す工程が重要です。

塗装の場合は**ケレン**といって、ブラシや電気工具が使われますが、時間・予算の限られた改修工事などでは確実な下地処理は難しく、簡単な錆落としだけで終えるケースが多いようです。そのため補修後間もない時期に、再び同じ場所から錆が発生するということがよく起きます。メッキの場合は対象の金属表面を溶剤や薬剤でよく洗い、汚れや不純物を落とすのですが、この過程を省くと短期間に中から錆が発生するということが起きます。

［表］金属腐食の種類

水の関与の有無による分類	
乾食	腐食に水が関与しない／高温・反応性ガスが原因
湿食	腐食に水が関与する／電気化学反応が原因 金属腐食の大半はこちら

金属腐食の形態による分類	
全面腐食	金属表面のほぼ全面に生じる腐食
孔食	金属表面に局所的に起こる腐食で管内部の欠陥部分などから孔状に進行する
隙間腐食	金属と金属または金属と非金属が合わさった隙間部が優先的に侵食される現象
粒界腐食	材料中の結晶粒界が腐食されて結晶がバラバラになる現象
応力腐食割れ	引張応力と腐食との共同作用で金属表面に割れが生じる現象
異種金属接触腐食	異なる金属同士を腐食環境下で接触させたときに起こる腐食 電位差腐食（ガルバニック腐食）とも呼ばれる
流動腐食	流動溶液中の金属の腐食速度が、静止溶液中に比べ大きくなる現象 配管の屈曲部などで見られる
酸化および高温腐食	高温の酸化性気体と反応して金属表面に酸化物スケール（酸化被膜）を生じ、スケールの割れ、剥離により進行していく腐食

鉄
最も身近な金属

● 鉄といっても鋼と鋳鉄の2種類がある

現代建築に鉄は欠かせません。鉄骨造（S造）は文字通り鉄骨が建物を支え、鉄筋コンクリート造（RC造）では鉄筋が、鉄骨鉄筋コンクリート造（SRC造）では鉄骨と鉄筋が、コンクリートを補強して躯体を支えています。仕上げや設備の分野でも、鉄は様々な形で建築を支えています。

これら建築に使用されるのは、純粋な鉄に炭素などいくつかの元素を、ごくわずか混ぜてつくられる鋼（はがね）です。鋼の性質は、添加する炭素などの量を変えると様々に変化します。炭素量が多いと（2.14％以上）硬く強い鋳鉄になり、少なくすると（2.00〜2.14％）強さは落ちますが、伸びの良い鋼材になります。

マンホールの蓋や埋設配管など、硬度と耐食性が必要な部位には、炭素量が多い**鋳鉄**が使われています。

鉄材の大部分を占める鉄骨や鉄板など、強さと粘りが必要な材料には**鋼鉄**が使われます。

[表] 鋼に添加される主な元素

添加元素名	概要と役割など
炭素（C）	強さ、硬さを増加させる最も重要な元素。C1％につき引張強さを約100kgf/㎟増す能力がある
ケイ素（Si）	鋼中に溶け込み靱性を減少し硬さを増加させる元素。Si1％につき引張強さを約10kgf/㎟増す能力がある
マンガン（Mn）	焼が入りやすくなり、靱性を劣化せずに鋼の強さを増す（強靱性に優れる）元素
リン（P）	一般的には不純物として扱われる元素（通常、0.030％以下に管理）。固溶体を微量に添加すると、強度増強（P）、快削性の改善（P）、被削性改善（S）などに役立つ
硫黄（S）	

● 鋼材の粘り強さ

鋼材に引張力をかけると、ある範囲まで（弾性域）はバネのように伸び、力を抜くと変形は元に戻ります。その限界が**降伏点**です。

さらに加力すると鋼材はもう少し耐えますが、力を抜いても変形が残ります。さらに進めると、最後に最大強度を示しその後破断します。鋼材には、限界まで追い込まれても最後の粘りを示すという二段構えの性質があり、**靭性**と呼ばれています。高層建築などでは、この特長を生かした耐震設計が行われます。

● 温度の影響

鋼鉄は高熱には弱く、600℃になると引張強さは常温時の約3分の1に、1,000℃では0に低下します。火災の熱は600℃から900℃以上です。したがってS造では、火災時にも一定時間は構造が強度を保ち、避難時間を確保できるよう、**耐火被覆**が施されます。

一般的に岩綿（ロックウール）や耐火材パネルなどで鉄骨を覆いますが、SRC造では、コンクリートが耐火被覆の役目を果たします。

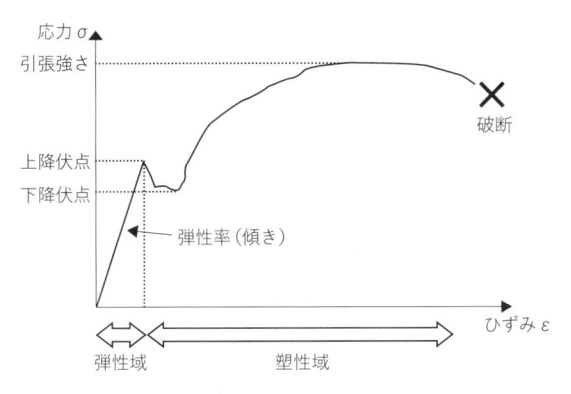

［図1］鋼材の応力ひずみ曲線

［図2］耐火被覆のイメージ

1 コンクリート篇

2 プラスチック篇

3 金属篇

4 木材篇

5 セラミックス篇

6 その他篇

建築用鋼材
多様な断面形状がある

● 形が違う型鋼いろいろ

鋼材には、使いやすいよう様々な断面形状が用意されており、その種類によっても呼び名がつけられています。

S造の骨格として使用される鋼材では、断面の形状により名称がつけられており、**等辺山形鋼（アングル）・I形鋼・溝形鋼・H形鋼・不等辺山形鋼**などがあります。特にH形鋼は断面効率や剛性に優れ、様々な肉厚・サイズが用意されており、非常に多く使われています。

等辺山形鋼はS造の二次部材や母屋・胴縁など小物部材に良く使われ、H形鋼に次いで多く流通しています。

肉厚が型鋼より薄く冷間成形で製造される鋼材を**軽量型鋼**といい、軽量鉄骨造（厚み6mm以下の鋼材を使用するS造）をはじめスチールハウスなど簡便な構造に需要があります。最も有名なものは**リップ溝形鋼**で通称**Cチャン**などとも呼ばれます。他にも**軽溝形鋼・軽Z形鋼・軽山形鋼・リップZ形鋼・ハット形鋼**などがあります。

鋼管は給排水衛生・空調・電気などの設備配管として使われるほかに、S造の柱材としても使われます。この場合、通常の鋼管と断面が正方形の角型鋼管とがあり、中にコンクリートを充填するコンクリート充填管構造（CFT）などとしても使われます。

加工されていない鋼板には厚さにより薄板（3mm未満）、中板（3mm以上6mm未満）、厚板（6mm以上）、極厚板（150mm以上）の4つの規格があります。

薄板はパネルやドアなどの材料として、中板・厚板は切板として鉄骨の各種プレート部品として使われます。

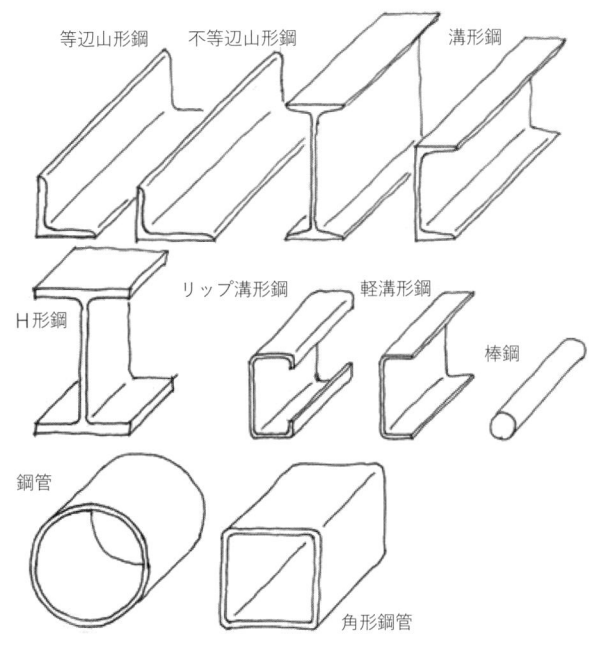

等辺山形鋼　不等辺山形鋼　溝形鋼

H形鋼　リップ溝形鋼　軽溝形鋼　棒鋼

鋼管

角形鋼管

［図1］各種型鋼の名称と断面

1 コンクリート篇

2 プラスチック篇

3 金属篇

4 木材篇

5 セラミックス篇

6 その他篇

● デッキプレート

角波状に折り曲げ加工した幅広の薄板のことで、上にコンクリートを打設して型枠を兼ねた下地材とします。

板厚や凹凸の形状はメーカーにより様々な種類があります。

支保工（下から重さを支える仮の支柱、サポート）が原則不要で、工期短縮や軽量化に有利なので高層建築などに多く採用されます。

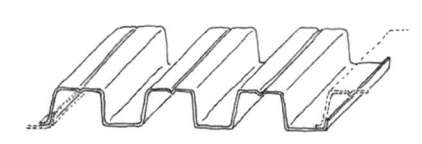

［図2］デッキプレートの断面イメージ

構造種別の見分け方

「見て」判断する方法

● 鉄を使う構造は3種類

鉄を使った構造には、鉄骨（S）造・鉄筋コンクリート（RC）造・鉄骨鉄筋コンクリート（SRC）造の3種類に分かれ、これらが複合して使われる場合もたくさんあります。設計時に建物形状や工期、コストなどを勘案し最適な構造が選ばれます。建物の外観だけで構造を見分けるのは困難ですが、以下のことを知っておくと、判断の参考になるかもしれません。

● 柱や梁などを見る

工場や倉庫・体育館など広くて天井のない空間では、鉄骨の柱や梁がそのまま見えていることがあり、すぐS造とわかります。建物によっては鉄骨部材が耐火被覆に覆われています。

仕上げで構造が隠れている場合でも、点検口から天井裏やパイプスペースの内部を覗くと、柱や梁が直接確認できる場合もあります。

柱や梁がコンクリートならRC造かSRC造ですが、両者の区別はかなり困難です。壁に **筋交い**という斜めの鉄骨があればS造です。

古いRC造などでは、後から耐震補強の斜材が加えられる例もありますが、圧縮にも耐えるがっちりした感じなので区別できます。

● 内部階段を見る

近年の建築では、内部でも外部でもシンプルな階段の場合、ほぼ鉄骨でつくることが多くなっています。

なので、少し古い建物などで内部階段全体がコンクリートでできていればRC造かSRC造の可能性が高くなります。S造の建物にコンクリートの階段をつくること

は、まずないからです。

ただし、高層住宅などでは、階段室だけS造とする場合もあります。

● 工事中の現場を見る

躯体工事中の現場を見る機会があれば、SRC造の場合、鉄骨が何層分か先行して組み上げられ、下の階から鉄筋・型枠工事が追うので、判断がつきます。それに対し、鉄筋・型枠工事を1層ずつ繰り返し積み上げていくのがRC造です。

S造は、何層か鉄骨を組み上げると下階から外壁パネルなどが取り付けられ、耐火被覆工事が始まるのが特徴です。

● 高層の建物ならS造かSRC造

高層建築には必然的に高い耐震性が求められます。

S造・SRC造は、鉄骨を使うことで同じ部材寸法のRC造より高い耐震性能を設定でき、高層建築に多く採用される構造です。市街地の超高層ビルの大半は、工期・コストでも有利なS造です。

ただしマンションで見ると、近年はコンクリートの性能やPC技術などが進化し、20階以上のRC造も多く存在するので、耐震性能による比較はあくまで一般論です。

● わからなければ設計図

ということで、建物の外見だけで構造種別を見極めるのは、非常に難しく、確実なのはその建物の**設計図**を調べることです。

設計図の最初の方にある設計概要書、あるいは構造設計特記仕様書というところに、建物の構造種別が記載されています。

設計者や組織によって、図面名称が若干異なる場合がありますが、調べてみて下さい。

［図］設計図を確認する

設計図の読み方

　建物のどの場所にどんな材料が使われているのか正確に知るには、設計図（できれば最終情報が記載された竣工図）を見ることです。

　設計図にはたくさんの種類がありますが、ここでは内外装の仕上げの情報を得ることに目的を限定し、何を見ればよいか説明します。

　設計図といってもいわゆる絵ではなく、細かい文字の表現が多いので、少し取っ付きにくいかもしれません。

共通仕様書——設計全体の基準となるもので、日本建築学会や国土交通省などが標準仕様書としてつくり、書籍として売られています。工事により準拠するものが決められますが、現実には工事関係者以外はまず目にしません。

特記仕様書——共通仕様書にない工事ごとの詳細な注文が記載されます。ここからは設計図に綴じられており、見ることができます。ここに指定のない事項は共通仕様書に従うので、図面の優先順位は最上位です。

建築概要書——工事の基本的な内容、特に法律や許認可に関わる情報をまとめたもので、防水仕様や外装仕上げの種類などはここに記載されます。

外部仕上げ表——屋根や外装の仕上げ、外部に面する建具やガラスに関する情報が記載されます。四方の外観を示す立面図にも記載されています。

内部仕上げ表——内部の部屋ごとに、床・幅（凡）木・壁・天井などの欄がつくられ、使われる仕上げを記載します。それぞれの下地などの内容も記載することが多く、1つの仕上げの欄が2〜3行に分かれて書かれることあります。アルファベットなどの略号も多用されますが、必ず凡例があるので参照して下さい。メーカーなどの指定は、特記仕様書に記載されることもあります。

　　仕上げ表の記載内容は、各部屋の展開図にも一部が記載されます。

[表] 内部仕上げ表の例

	室名	床		幅木		壁		天井
		仕上げ	下地		高さ	仕上げ	下地	仕上げ
1階	風除室	デザインタイル張り	RC金鏝押え	壁と同材		45二丁掛タイル	RC打放補修	岩綿吸音板
	エントランスホール	デザインタイル張り	RC金鏝押え	壁と同材		46二丁掛タイル	RC打放補修	岩綿吸音板
	管理人室	長尺塩ビシートt＝2	RC金鏝押え	ソフト幅木	60	ビニルクロス貼り	LGS＋PB12.5	化粧石膏ボード
	談話室	タイルカーペットt＝4.5	RC金鏝押え	ソフト幅木	60	ビニルクロス貼り	LGS＋PB12.5	岩綿吸音板
2〜14階 専有部分	玄関	100角御影石貼り	RC金鏝押え	御影石	60	ビニルクロス貼り	LGS＋PB12.5	ビニルクロス貼り
	廊下	フローリング	二重床下地	ソフト幅木	60	ビニルクロス貼り	LGS＋PB12.5	ビニルクロス貼り
	LDK	フローリング	二重床下地	ソフト幅木	60	ビニルクロス貼り	LGS＋PB12.5	ビニルクロス貼り
	和室	畳敷き	二重床下地	畳寄せ	—	ビニルクロス貼り	LGS＋PB12.5	ビニルクロス貼り
	洋室	フローリング	二重床下地	化粧幅木	60	ビニルクロス貼り	LGS＋PB12.5	ビニルクロス貼り
	クローゼット	フローリング	二重床下地	化粧幅木	60	ビニルクロス貼り	LGS＋PB12.5	ビニルクロス貼り
	WC	長尺塩ビシートt＝2	二重床下地	ソフト幅木	60	ビニルクロス貼り	LGS＋PB12.5	ビニルクロス貼り
	洗面更衣室	長尺塩ビシートt＝2	二重床下地	ソフト幅木	60	ビニルクロス貼り	LGS＋PB12.5	ビニルクロス貼り
	浴室	ユニットバス1820						

軽量鉄骨（1）在来工法
天井裏や壁を支える下地

● 天井や壁に使われる軽量鉄骨

鋼材は建築の構造体以外にもたくさん使われています。

壁や天井のボードを張る下地の大半は軽量鉄骨下地（軽鉄、LGS：Light Gauge Steel）で組まれています。薄い鉄板を加工した軽い鉄骨材を、様々にシステム化されたパーツで組み上げ、平面性の高い骨組みが迅速にでき上がります。

一見頼りない薄い鉄骨の骨組みですが、ボードを細かくビス止めして張ることで一体化し、堅牢な間仕切りや天井が生まれます。

● 天井軽鉄（LGS）下地の構成と手順

天井は、基本的に上階の床版や梁から吊り下げられています。

①床版下面などに埋め込まれたアンカーに、ネジ切りの吊りボルトを固定し下部にハンガー金物を取り付ける

②ハンガーにチャンネル（親骨）と呼ばれる材料をはめ込む

③レベル測定器を使い、ナットを回して各ハンガーの高さを調整して揃えた後、上下のナットで固定する

④Mバーと呼ばれるボード下地用の鉄骨を、クリップを使ってチャンネルに固定する。Mバーは、ボード目地部用のダブル（幅広）とボード中間部用のシングルの2種類がある

ボード仕上げは直接仕上げ材を張る場合（1枚張り）と、下張りの上に仕上げ材を張る（二重張り）の2種類があります。

電気や空調などの設備器具は、後から寸法に合わせてボードを切り欠いて取り付けます。下地はあらかじめ必要な補強がされています。

後からやむを得ず天井裏に上り作業をする場合、足場材を親骨に掛けることが重要です。ボードやＭバーには強度がなく、体重や機材など荷重を載せると、破損や落下事故につながります。

次頁で述べるシステム天井に対し、**在来工法**と呼ばれています。

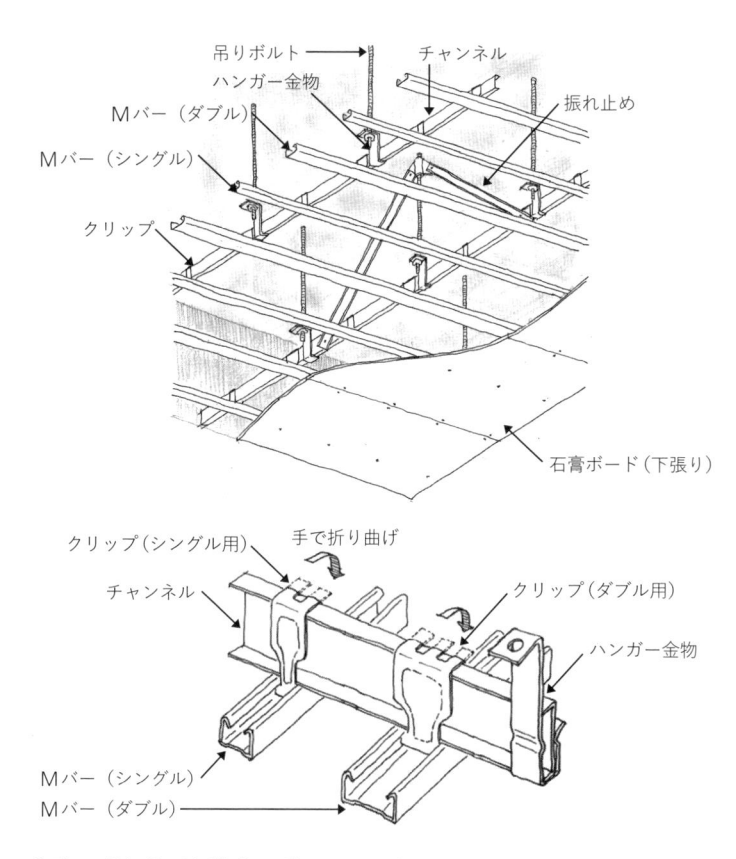

［図］天井軽鉄下地（在来工法）のイメージ

1 コンクリート篇

2 プラスチック篇

3 金属篇

4 木材篇

5 セラミックス篇

6 その他篇

軽量鉄骨 (2) システム天井

設備まで全部セットに

● 合理的なシステム天井

システム天井とは、下地骨組みから仕上げボード、さらには電気設備や空調の吹き出し口まで、すべてを組み込んで規格化した天井工法で、経済性や施工性に優れ、大型オフィスビルなどで多く採用されています。国内外の様々なメーカーが生産しており、それぞれ特徴があります。

一般的なシステム天井の構成ですが、上階の床版下から吊りボルトで吊り下げられることは在来工法と変わりません。

異なるのは、骨組みが意匠材を兼ねており、主にアルミ型材 (Tバーやメインフレーム) などでつくられている点です。

これを直接吊り下げ、グリッド状または一定方向に平行に組み、ユニット化された専用ボードをはめ込んで完成します。

設備用の開口部や点検口類も同寸法のユニットが用意されており、大面積の天井が効率よくでき上がります。設備ゾーンの配置の仕方により、グリッドタイプ (クロスタイプ) とラインタイプに分類されます。

● システム天井の注意点

メーカーによって差はありますが、一般的に骨組みの強度は、天井裏に人が乗って作業することを想定していません。天井の仕上げボードは、ほとんどがはめ込まれているだけです。

したがって、設備機器の点検など天井内の作業は、まずこのボードを外し、床上から脚立などの足場を組み行うのが前提です。

ボードを扱う際、うっかり天井裏の埃などのついた手で触ると、ボードに汚れがつきます。後で非常に目立ちますし、これを落とすのは大変困難なので、作業者は

十分な注意が必要です。

また、後日間仕切りを設けたいという要望が出た場合に、任意の位置に壁の上部が固定できない、という問題もあります。スチールパーティションなど簡易な間仕切りであれば、骨組みに固定して設置できるケースもありますが、遮音性のある壁の設置は基本的に困難です。

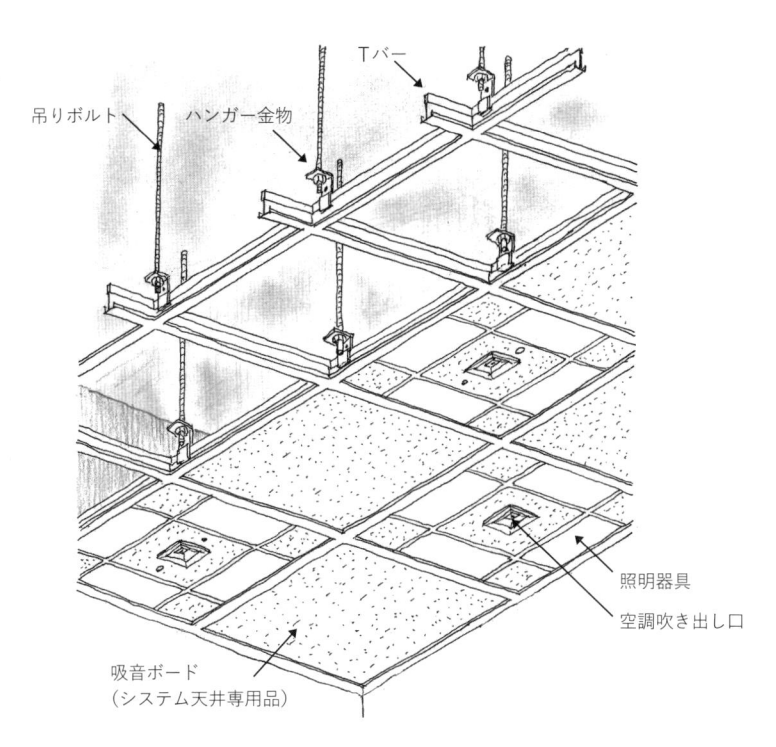

［図］システム天井の例（グリッドタイプ）

軽量鉄骨（3）天井落下
大地震での事故原因

● 天井の落下事故はなぜ起こる？

大きな地震があると、よく天井が落下する事故が起こり、ときには大勢の方が死傷する惨事になることもあります。大ホールやプールなど比較的大空間での事例が多いのですが、原因はほぼ共通であり、理解しておくのは有用だと思います。

それぞれのケースで若干異なる要素はありますが、大まかに原因を挙げれば以下の通りです。

● 天井は吊り下げられた重い振り子？

天井は上階の床などから細いボルトで吊られており、仕上げのボードなどの荷重をぶら下げています。この状態をマクロに見ると、吊り下げられた大きな振り子にたとえられます。

地震があると、建物は固有周期に従って揺れますが、天井は振り子のように建物とは別の周期で揺れます。つまり、天井が建物と違う揺れ方をして壁と衝突し、破壊するのです。大きな段差のある天井は吊りボルトの長さが異なり、それぞれ別の揺れ方をするので、段差のところで同様のことが起こります。

そこで、国土交通省は技術的助言などの形で天井裏の補強について指導を強化し、災害があるたびにこれが拡大されています［図］。この後、2011年の東日本大震災の結果を受け、2014年4月に大規模天井に対してはさらに新しい規制が施行されています。

こうした通達や規制以前の仕様であるかどうかの確認は重要です。

● 湿気や塩素の影響も──ときに点検を

温水を使うプールやサウナの天井裏は、結露や塩素ガスの影響を受けやすく、鉄

骨やビス類が早期に腐食し、事故の原因になるケースがあります。

こういった環境では、天井裏の換気を完全にし、下地材にはステンレス材を使うなどの対策が望ましいのですが、一般天井と同じ仕様（鋼製）でつくられていることも多いのです。

一般住宅ではあまり心配はありませんが、大ホールやプール・浴場などを含む施設に関係する方々は、機会をみて専門家による天井裏の点検を検討されることをお勧めします。私たちの頭上には、意外に重いものがたくさんぶら下がっているので、驚かれるかもしれません。

（出典：国土技術政策総合研究所・(独)建築研究所『平成23年東北地方太平洋沖地震被害調査報告』2012年）

［写真］在来工法による天井などの脱落被害

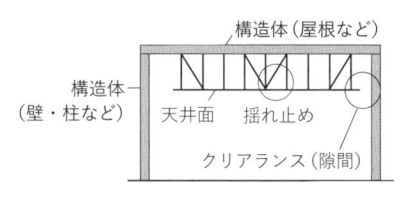

2001年芸予地震後の通知（技術的助言）
・構造体と天井材の間にクリアランスをとる
・吊りボルトにブレースを設ける（揺れ止め）など

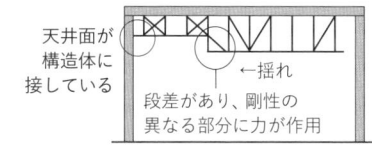

2003年十勝沖地震の現地調査
・天井の段差がある部分で、剛性の高い部分と低い部分があり、また天井面の一部が構造体に接していたため＊、地震時の揺れで当該部分の天井材に局所的な力が作用した可能性、など
＊釧路空港ターミナルは芸予の通知以前の建設

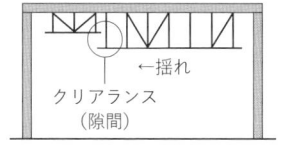

十勝沖地震後の通知（技術的助言）
・剛性の異なる部分にも構造的にクリアランスをとるなどの措置が必要、など

［図］国土交通省の通達による天井裏規制の変遷

軽量鉄骨 (4) 壁下地

ボードの張り方を知る

━━━━━━━━━━━━━━━━━━━━━━━━━━━━━━━━━━━━

● 軽鉄下地の構成と手順

壁下地の上部は、上階の床版下に固定される場合と、天井面に固定する場合があります。防火区画や遮音性が必要な壁は前者、簡易な間仕切りは後者の組み方が多くなります。

①**ランナー**と呼ばれる溝形の軽量鉄骨を、上下の躯体または天井下地に固定する。固定には火薬式の鋲打ち機や溶接などが使われる。

②**スタッド**と呼ばれる柱材を、ボードの枚数に応じて上下のランナーにはめ込む。スタッドは壁の高さに応じてサイズ (幅) が数種類用意され、中間に**スペーサー**や**振れ止め**を配して変形を防止する。

壁に出入り口や窓など開口を設ける場合は、両脇に**補強材**を立て、**まぐさ** (横架補強材) を溶接やビス固定して補強します。ドアや窓の枠 (サッシ) は、この補強枠に溶接またはビス止めで固定されます。

● ボードの張り方

石膏ボードなどをスタッドに細かくビス止めし、一体化させます。

二重張り以上の場合は、下張りとボードの目地をずらし酢酸ビニル系接着剤などで張り付けます。

ボードは、耐火や遮音など壁に要求される性能により、種類や枚数・厚みが異なります。(一社) 石膏ボード工業会の認定壁では、下地やボード厚みなどの組み合わせが規定されています。遮音性能が必要な壁は、中間にグラスウールやロックウールなどの吸音材を充填します。

● 骨組みの位置を探るには

塗装やクロスなどで仕上げたボード壁に、少し重量のあるものを固定する際など、下地鉄骨の位置を把握するのはかなり困難です。

磁気を使ってボード裏の金属を探知する、市販の下地センサーなどを使ってスタッドなどの位置を確認してください。

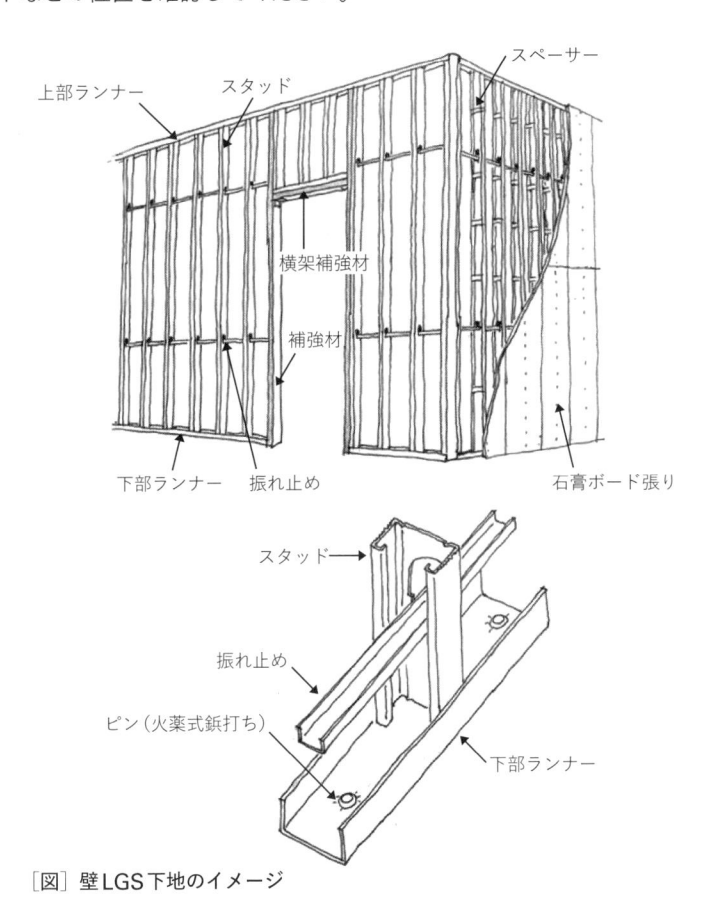

［図］壁LGS下地のイメージ

アルミニウム（1）製法
別名は電気のカタマリ

──

● アルミニウムの特徴

アルミニウムは古くから元素としては知られていましたが、金属として取り出すには大量の電力が必要なため、実用化は20世紀以降という比較的新しい金属です。

最大の特徴は鉄や銅の約3分の1という軽さですが、展性・延性・加工性・鋳造性にも優れ、再生利用しやすいなどの利点があります。さらに、空気中では表面に酸化被膜ができ、保護膜となるので、耐食性が高いのも建材などに使いやすい要因です。

一方で、酸・アルカリに弱く、強度や耐火性能が低いこと、熱伝導率が高く保温性に劣ることなどが弱点です。それらの弱点を補うため、**ジュラルミン**に代表されるアルミニウム合金が次々と開発され、需要が飛躍的に増大しました。

なお後述するアルマイト加工や、航空機や新幹線に使われる超々ジュラルミンは、日本で開発された技術です。

● アルミニウムの製造法

アルミニウムの原料はボーキサイトといい、酸化アルミニウム（アルミナ）を40～60％含む赤褐色の鉱石です。オーストラリア・中国・ブラジルが主な産地です。

① ボーキサイトの粉末を高温の苛性ソーダ液に浸し、溶液を冷却すると水酸化アルミニウムが沈殿し、これを脱水すると白い粉末状のアルミナになります。

② アルミナを氷晶石やフッ化アルミニウムを高温で融解した液体に混ぜ、電解炉で電気分解すると、溶解したアルミニウムが電解炉の底にたまり地金となります。

アルミニウムの製造コストは、電気料金に大きく影響されるため、日本ではインゴット状にしたものを輸入し、2次加工以降のみが行われています。

アルミ缶などスクラップ品を再生加工した再生地金は、国内でも生産されています。

● アルマイト

アルミニウムは比較的酸素と結びつきやすい金属なので、空気中で自然に表面に酸化被膜ができます。これが錆びにくいアルミニウムの特性に結びついています。しかしこの被膜は非常に薄い（20μm）ので、これを補強するのが**陽極酸化被膜処理**という方法です。

アルミニウム製品（型材など）を冶具に取り付け、電解液の入った電解槽に漬けてプラスの電極（陽極）として通電すると、電気分解によってできた酸素がアルミニウムと反応し、多孔質で堅牢な酸化アルミニウムの膜を形成します。

この被膜を**陽極酸化被膜**（**アルマイト**）と呼びます。被膜厚さが電気的にコントロールできるので、用途など使用条件によって厚さの設定が可能です。

アルミサッシの被膜は、用途や場所に応じて塗装などと合わせた複合被膜として厚さが設定されますが、JISには陽極酸化被膜の平均厚さは5μm以上との規定があります。

サッシをヤスリなど硬いものでこするとこの被膜にキズがつき、腐食の要因となりますので十分注意が必要です。

● メッキとの違い

陽極酸化被膜は電気を使った表面処理なので、よくメッキと混同されます。両者の違いは、メッキは金属表面より上に被膜の厚さが成長するのに対し、陽極酸化被膜はアルミニウム表面から上に成長被膜、下に浸透被膜と両方向に成長します。したがって厳密に見ると、アルミ層は被膜厚みの半分だけ肉やせするということになります。

この被膜は、電気を通すが厚みの変わらないバリヤ層と、電気を通さないが厚さが増大するポーラス被膜で成り立っています。

アルミニウム (2) 合金

こんなにも種類がある

● 各種のアルミニウム合金

アルミニウムは各種の金属を添加し合金として使われることが多く、使用目的に応じて非常に多くの種類が存在します。

建築で使われる合金について、その一部を挙げておきます。

カッコ内の4桁の数字は国際アルミニウム合金名で、JIS規格にもこの数字が使われています。

①純アルミニウム（1000系）非熱処理型合金

純度99％以上のものを指し、電導性や熱伝導性に優れますが、強度が低いという欠点があります。電線・アルミ箔・熱交換器・装飾品などに使われています。1円硬貨は最も身近な製品の例です。

②Al-Cu合金（2000系）熱処理型合金

銅を添加した合金で、ジュラルミン・超ジュラルミンの名称でよく知られており、鋼材に匹敵する高い強度をもちます。銅の影響で腐食性が高いので、使用場所によっては注意が必要です。宇宙航空機器・ネジ類・ギア部品・油圧部品などに使われます。

③Al-Mn合金（3000系）非熱処理型合金

マンガンとの合金で、純アルミニウムの加工性・耐食性を残しながら強度を向上させており、アルミ缶・屋根板などに使用されています。

④Al-Si合金（4000系）非熱処理型合金

シリコンを添加することで、熱による膨張を抑え、耐磨耗性が向上した合金で、さらに銅、ニッケル、マグネシウムなどの添加により耐熱性を向上させています。パネル材・ピストン・シリンダーヘッドなどに使われます。

⑤Al-Mg合金（5000系）非熱処理型合金

マグネシウムを添加して強度と耐食性を向上させた合金で、添加量を調整することで、構造体から装飾品まで多用途への対応が可能なのが特徴です。海水に強く溶接性も良いので、船舶や化学プラント・建築の内外装・板金製品・アルミホイールなどにも使われます。

⑥Al-Mg-Si合金（6000系）熱処理型合金

マンガン・ケイ素との合金で強度・耐食性に優れ、押し出し成形性も向上させた材料で、代表的な構造用材です。特にA6063は押し出し性に優れ、アルミサッシ・カーテンウォール材などとして大量に使われています。

電解液の入った電解槽に漬けることで、陽極酸化被膜（アルマイト）という無色透明な保護被膜が得られるという大きなメリットもあります。ほとんどのアルミサッシなどの製品にこの処理が施されていて、耐久性能を高めています。

ほかにも手摺り用部材・ガードレール・家具・家電製品・船舶など、極めて多方面に使われています。

⑦Al-Zn-Mg合金（7000系）熱処理型合金

亜鉛とマグネシウムを添加し熱処理したもので、最も強度が高いアルミニウム合金です。さらに銅を加えたAl-Zn-Mg-Cu系合金のうち代表的なA7075は超々ジュラルミンと呼ばれ、航空機や金属バット・新幹線の車輌などに使われています。

これは誇るべき日本の技術の1つで、1936年に海軍航空廠の要請により住友金属工業が開発し、零式艦上戦闘機（ゼロ戦）の主翼主桁に採用されたものです。

［図］超々ジュラルミンが使われたゼロ戦

ホールとエルーの奇跡

　アルミナを還元してアルミニウムを製造する方法として現在も使われているホール・エルー法には、不思議な物語があります。

　実はこの技術は1886年にアメリカ人のホール（C. M. Hall 1863-1914）とフランス人のエルー（P. L.-T. Héroult 1863-1914）が、それぞれまったく独自に開発したものなのです。同い年の23才でしたが2人にはまったく面識はなく、ともに偶然アルミ製錬に興味をもち、それぞれ長く研究に取り組んでいました。

　1886年4月23日にまずエルーがフランスで特許を出願し、ホールは少し遅れた同年7月9日アメリカで特許出願しました。やがてホールの元に先願の特許に抵触する旨の通知が届き、ホールは初めてエルーの存在と彼の研究が自分と同じことを知ります。

　驚いたホールは友人や家族の協力・証言を得て、エルーの特許申請時にすでに自分も同じ成果を得ていたことを訴え出ます。画期的な特許に加え極めて異例な申し出であったので、大西洋を挟みアメリカとフランスの間で、1年以上の大論争が行われた結果、1888年、ついにホールの特許も確定しました。その後2人は、それぞれの国でこの技術によるアルミ精錬の事業化などに取り組み、米仏の金属業界に大きな足跡を残しています。

　1911年、ホールはニューヨークでアメリカ化学界最高の栄誉とされるパー

キンメダルを授賞しますが、その席にフランスからエルーを招待し、ここで初めて2人は劇的な対面を果たしました。ここでエルーはホールを心から称える演説をしたそうです。

　そして2人は、なんと同じ1914年に亡くなっています。アルミニウムの大恩人の不思議で奇跡的な人生の一致です。

参考文献
北川二郎「金属学の先人たち（8）エルーとホール──アルミニウム工業の先達」
『日本金属学会会報』1979年

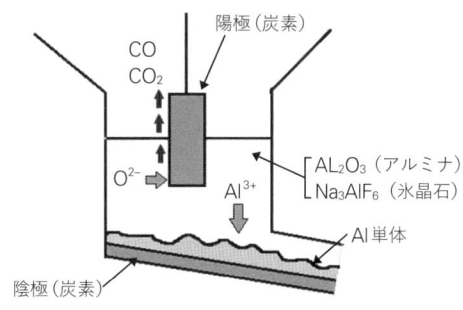

陽極（炭素）

CO
CO_2

O^{2-}

Al^{3+}

AL_2O_3（アルミナ）
Na_3AlF_6（氷晶石）

Al単体

陰極（炭素）

ホール・エルー法概念図

チャールズ・マーチン・ホール（米）
（C.M.Hall 1863-1914）

ポール・エルー（仏）
（P.L–T. Héroult 1863-1914）

1 コンクリート篇
2 プラスチック篇
3 金属篇
4 木材篇
5 セラミックス篇
6 その他篇

ステンレススチール

錆びない鉄?

● 錆びない鉄?

ステンレススチール (stainless steel) は、鋼とクロムまたはクロム・ニッケルとの合金鋼で、クロムを 10.5% 以上含むものをいいます。通称ステンレスと呼ばれますが、stain-less とは「錆びない、錆びにくい」の意味で、文字通り腐食に強く外観が美しいため、建築では建具や外装の素材など主に意匠的に広く使われています。

● 主なステンレス鋼の種類と特徴

JIS では、ステンレス鋼に添加される金属の種類と含有量などにより、多くの種類が規定されています。

流し台や建具など建築で使われるステンレスの大半は、**SUS304** と表示されるステンレス合金で、オーステナイト系と呼ばれます。18% のクロムと 8% のニッケルを含むので **18-8 ステンレス** の呼び名で親しまれていますが、延性や靭性が高く曲げ加工など冷間加工性や溶接性にも優れた汎用性の高いグループです。

配管などでは、塩素イオン濃度が関係する **応力腐食割れ** にも注意が必要です。

他にニッケルを含まず応力腐食割れに強いフェライト系や、オーステナイト・フェライト双方の金属組織をもつ 2 相系、硬度の高いマルテンサイト系などがあり、用途に応じて使い分けられます。

● 錆びにくいのは不動態被膜のおかげ

ステンレスの表面には、**不動態被膜** という非常に薄い緻密な膜が形成されています。この膜はクロムが酸素と結合して生成されるもので化学的に安定しており、また傷ついても瞬時に再生するのでステンレスの素地を腐食から守っています。

ステンレスを不用意に溶接したり火で焼いたりすると、不動態被膜が破壊され錆の発生につながるので注意が必要です。

ステンレスの腐食で最も多いのは**もらい錆**という現象で、錆びる金属が表面に接していると、そこを起点に錆が発生します。

粗悪な製品では合金の化学組成がきちんとできておらず、不動態被膜が十分に機能せずに錆が発生する場合もあります。

● 表面加工もたくさんあります

意匠的な需要が多いだけに、用意されている表面仕上げが非常に多様なのもこの金属の特徴です。素材の製造段階で、圧延方法や研磨の手段を変えることで、様々な表情を演出することができます。

ごく一般的なものはベルトと研磨材で仕上げる**No.4**と呼ばれる仕上げで、流し台など厨房器具類に使われています。他にもエスカレーターの側板などでよく見る長い研磨目を付けた**ヘアライン加工（HL）**や、バフを使って鏡のように磨かれた**鏡面仕上げ（No.8）**などがあります。

ステンレスに限ったことではありませんが、これらの美しい表面に硬いものをぶつけるなどして傷つけると、元通りに修復することは非常に難しいので、取り扱いには十分な配慮が必要です。

［図］東京カテドラル関口教会
（東京・文京区）

初めてステンレスが外装材として大量に使用された建物

（出典：ステンレス協会ウェブサイト）

銅と銅合金
コインでおなじみ

● 人類最古の金属器

銅は自然銅の形で存在するので、新石器時代後期に人類が最初に道具として使った金属とされ、極めて古い歴史のある金属です。

銅には、延性・展性が良く加工しやすい、熱伝導性・電導性が高い、表面にできる緑青（主成分は塩基性炭酸銅 $CuCo_3 \cdot Cu(OH)_2$）が耐食性を発揮する、リサイクル効率が良い、銅イオンには殺菌性がある、など多くの特長があり、これを生かす様々な用途で使われます。

一方、強い酸やアルカリに侵されやすい弱点には注意が必要です。銅を単体で使う建材としては、薄板を屋根に使う銅板葺きが中心で、寺社建築はじめ和風建築ではよく見られます。全体の消費量からみると、電線としての需要が圧倒的です。

● 銅合金いろいろ

銅は、他の金属とよく溶け合って固溶体となり、各種の銅合金をつくれることも大きな特徴で、多くの種類があります。

比較的身近な銅合金をいくつか挙げてみましょう。

①黄銅

亜鉛（Zn）を30 〜 40％混ぜた合金で、**真ちゅう**の呼び名の方が親しまれています。耐食性が良く、建築の金物類や配管のバルブ（弁）やコックなどに使われています。

亜鉛の比率が多いほど引張強度が上がります。

②青銅

スズ（Su）を4 〜 12％混ぜたもので英語では**ブロンズ**（bronze）です。鋳造に適しており耐摩耗性が高いので、かつて大砲の砲身がつくられたことから砲金の別

名もあります。回転機器の軸受けや鋳造パイプなどに使われています。

③白銅

ニッケルNiを10〜30％混ぜた白銅は耐食性が高く、金物や装飾に用いられています。特に海水に対する耐食性が高いので海水淡水化設備や船舶関連の部品などに使われます。

④洋白

白銅に亜鉛を加えた合金が洋白です。

加工しやすく一定の通電性があり、柔軟性や屈曲加工性に優れていることから、電気抵抗線やばね材料としての需要があります。

トロンボーンやフルートなどの管楽器にも多く使われています。

● 硬貨は銅合金が多い

建材ではありませんが、現在日本で流通している硬貨は銅合金が多いのです。5円硬貨は黄銅製、10円硬貨は青銅製、50円硬貨と100円硬貨は白銅製、500円硬貨はニッケルを8％混ぜたニッケル黄銅製です。銅の持つ耐食性・加工性・殺菌性などがよく生かされています。ちなみに1円硬貨は純アルミニウムです。

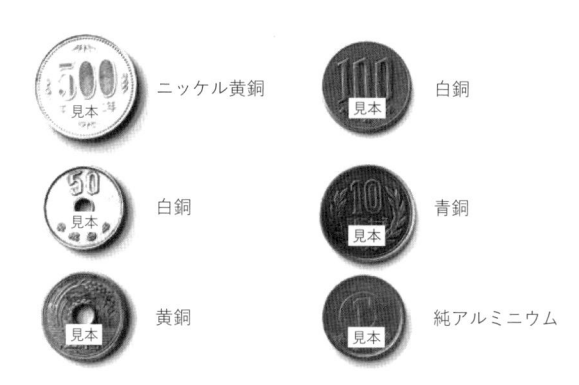

［図］最も身近な銅合金の硬貨たち

はぜ組みの話

　日本で現存する銅板葺き屋根の建物で最古のものは、瀬戸市の定光寺奥之院徳川義直公廟で、1652年（慶安5年）創建とされます。

　銅の塊を木槌で叩きのばしてつくった厚み2〜3mmの銅板が、屋根葺きにも精緻な装飾にも使われています。明人の陳元鬒（チン・ゲンビン）の作と伝えられます。

　銅板の下地への固定は、銅製の犬釘が使われています。

　明治時代に様々な技術が進み、やがて薄い銅板が大量につくられるようになると、銅板葺き屋根に「はぜ組み」という接合技術が使われるようになります。はぜとは、2枚の金属板の端を折り曲げ、引っ掛け合わせて継ぐ部分の名称で、鉤や馳と表記されることもあります。

　厚さ0.3〜0.4mmの銅板が主に使われています。一定サイズの平板の四方を叩いて折り曲げ、防水性能を保ちながら、縦横に連続させる接合技術で、雨がかり部分には釘を使いません。

　横の接続は一直線になり、縦の接続は少しずつ位置をずらします。

　銅板の噛み合わせ部分に、わずかに隙間を設けるのがポイントで、毛細管現象による水の吸い込みを防ぎ、熱による銅板の伸縮にも対応することができます。通気も行われるので屋根の断熱にも効果があります。メンテナンスなどで屋根に上がる場合、はぜを踏みつけてつぶすなよ、と板金屋のおやじに叱られた記憶があります。

明治大正にかけ、海外から輸入するレンガなどは、薄い鉄板で梱包されており、その接合部のはぜ組みをヒントに、板金職人が工夫してこの技術を編み出した、という説があります。

　ダクトなどの気密接合部には隙間を設けず、きつくかみ合せた接合が使われ、シーミング（seaming）とも呼ばれます。

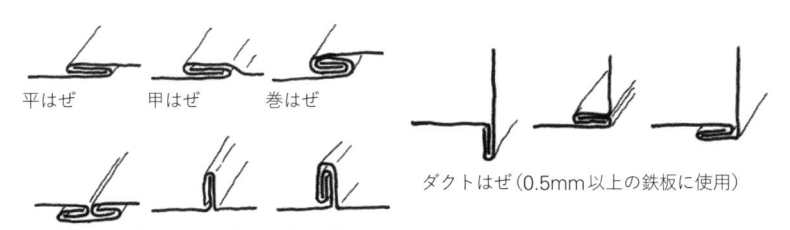

平はぜ　　甲はぜ　　巻はぜ

平はぜ（添板つき）　立平はぜ　立巻はぜ

ダクトはぜ（0.5mm以上の鉄板に使用）

はぜ組みの種類

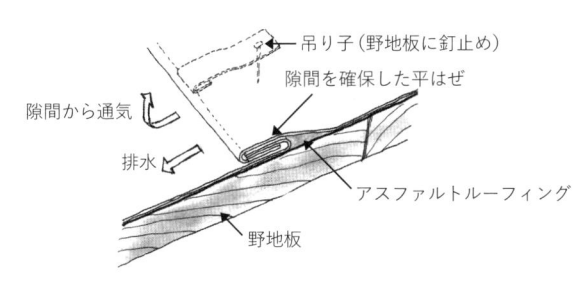

吊り子（野地板に釘止め）

隙間を確保した平はぜ

隙間から通気

排水

アスファルトルーフィング

野地板

平はぜの排水・通気機構（傾斜30％以上）

亜鉛
メッキとドブ漬けで鋼鉄を守る

● 亜鉛の特性
亜鉛はイオン化傾向が大きく酸やアルカリに弱いため、単体では建材には使われませんが、防食被膜や合金材料として使用されます。

イオン化傾向の小さい金属と接触させると、溶けて下地の金属表面に付着する特性を、犠牲的防食作用といいますが、これを生かした**電気亜鉛メッキ**や**溶融亜鉛メッキ**は、金属系防食被膜の代表です。ただし通電時間などが不足すると、外見は同じでも被膜厚さが十分形成されず、早期に錆が出る場合があるので要注意です。

● 電気亜鉛メッキ（ダクトやトタン板も）
電気を介して亜鉛を付着させるメッキ法で、薄いが均一な厚さのメッキ層ができます。空調用ダクトの鋼板はこのメッキが中心です。

薄い波型鋼板に亜鉛メッキしたものを**トタン**板と言い、簡易な建造物の屋根や外壁などに使われています。トタンとはポルトガル語の Tutanaga（亜鉛）が語源だ

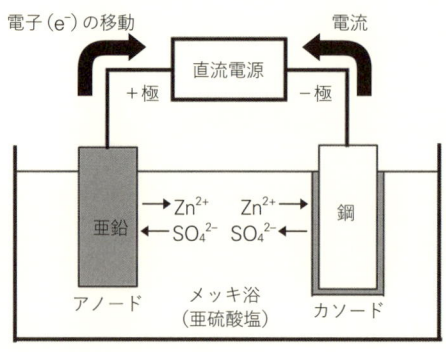

［図］亜鉛メッキのイメージ

そうです。

軽く安価なので多用されますが、メッキ層が比較的薄い（0.026 ～ 0.054mm）の
で、傷がつくと一気に腐食が進むので注意が必要です。ちなみに鋼板にスズをメッ
キしたものは**ブリキ**と呼ばれ、バケツや玩具でおなじみです。オランダ語のblik
（板金）が語源とされます。

● 溶融亜鉛メッキ──ドブンと漬ける

高温（440 ～ 460℃）で溶融した亜鉛が入ったメッキ槽に、鋼材を浸して耐久性の
高い表面被膜をつくるもので、その作業の様子から**亜鉛ドブ漬け**とも呼ばれます。
高温でも変形しない肉厚で、すでに加工済みの鋼材が対象です。メッキ量は電気
の場合の6 ～ 10倍が可能で、送電用鉄塔や屋外階段など高い耐腐食性を求められ
る構造物に適します。

メッキ面の素地は銀色で、**スパングル**と呼ばれる斑模様が特徴です。塗装仕上げ
の場合もありますが、素地のままのものも多いようです。

（出典：一般社団法人日本溶融
亜鉛鍍金協会ウェブサイト）

［図］溶融亜鉛メッキ構造物の例

18

チタン
最強の素材

● 夢の建材

チタンは、軽量で強くてほぼ**半永久的にメンテナンスが不要**という、夢のような
性能をもつ金属として、近年実用化が進んでいます。

当初は宝飾や医療あるいは航空宇宙分野など、限られた範囲でのみ使用されてい
ましたが、加工技術が進歩し建材の分野でもたくさん使われるようになりました。

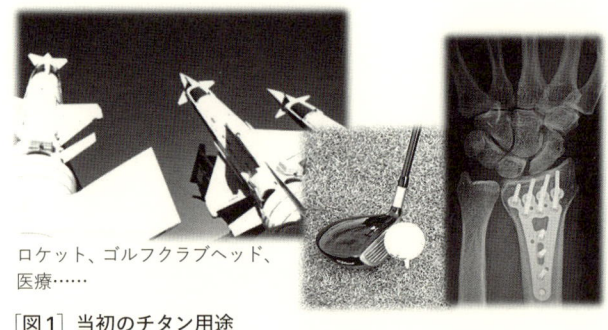

ロケット、ゴルフクラブヘッド、
医療……

[図1] 当初のチタン用途

● 最強の屋根材・外装材

空気中では表面が強力な不動態酸化被膜に覆われるために耐食性が非常に高く、
塩害のおそれのある沿海部や工業地帯など腐食性環境などで最適な屋根材・外装
材といえます。

独特の鈍い銀灰色の輝きをもち彩色も可能であり、かつ長期間ほとんど変化しな
いので、意匠面でも非常に優れています。

古い寺社建築の土瓦を、チタン瓦で葺き替える例も増えています。

● チタンの弱点とは

建材として多くの優れた性能をもつチタンですが、いまのところ製錬や加工が他の金属よりまだ難易度が高いため、製造コストがやや高いのは弱点といわざるを得ません。イニシャルコストだけでなく、建材寿命の長さも評価しながらコストを考えれば別の評価になるのかもしれません。新しい合金の出現など、今後の展開を注目していきたいと思います。

● 実は塗装の顔料にも

チタンは、実は塗装の顔料で最も多く使われています。酸化チタンの粉末は、主に白色の塗料・絵具・釉薬の顔料として使われています。

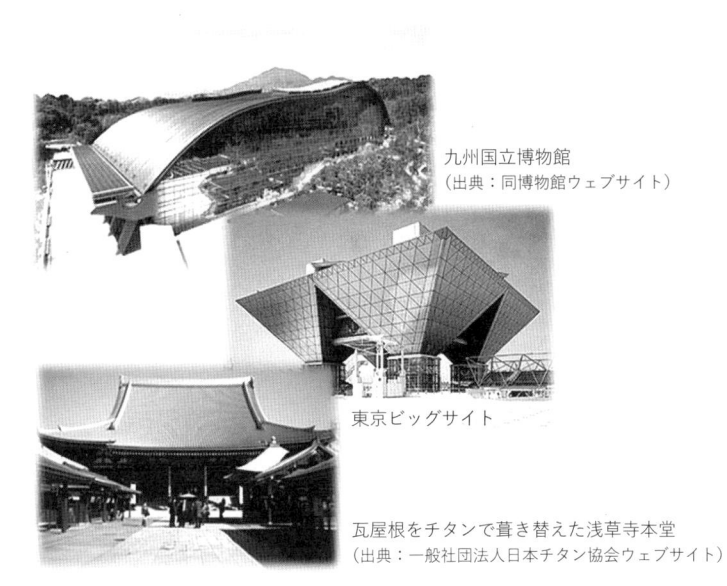

九州国立博物館
（出典：同博物館ウェブサイト）

東京ビッグサイト

瓦屋根をチタンで葺き替えた浅草寺本堂
（出典：一般社団法人日本チタン協会ウェブサイト）

［図2］屋根・外装がチタンの例

1 コンクリート篇

2 プラスチック篇

3 金属篇

4 木材篇

5 セラミックス篇

6 その他篇

ツタンカーメンの守り刀

　1925年、考古学者ハワード・カーター卿によって、紀元前1324年に死んだとされるツタンカーメン王の墓がエジプトの王家の谷で手つかずのまま発掘され、考古学上の大発見になりました。この時、有名な黄金のマスクなど数々の副葬品が出土しましたが、その中に鉄製の短剣がありました。

　ファラオの権力財力を示すように、鞘や柄は金やクリスタルで見事な装飾を施され、いわば守り刀のように被葬者の身近に置かれていたのですが、なぜか刀身がまったく錆びていなかったのです。

　古代エジプト、ヒッタイト帝国で始まったとされる鉄器時代の幕明けより600年も前のエジプトで、どうしてこんな鉄剣が製作でき、しかもなぜ錆びないのかという問題が、長年研究者たちを悩ませ続けました。

　この謎に挑んだミラノ大学・ピサ大学・エジプト考古学博物館の合同研究チームは、2016年に蛍光X線による組成分析の結果から、鉄剣の原料は宇宙から飛来した隕石らしいとの結論を科学誌＊に発表しました。

　鉄剣に含まれるコバルトやニッケルの比率が、エジプト国内で確認されているある巨大な隕石のデータと酷似しており、これが原材料だと特定でき、いわば合金の状態なので錆びにくいとの推論です。研究チームは、古代エジプト人たちは、製鉄の技術はもたなかったが、隕石に含まれる鉄を加工できるだけの工業技術をすでにもっていたようだと結論付けています。

　古代エジプト人は太陽神を崇拝していました。ある日突然天から閃光と共に降ってくる隕石を神からのメッセージと考え、貴重な装飾品に姿を変え、ファラオに供えたのかもしれません。

＊「Meteoritics & Planetary Science」51巻、7号、2016年

4

木材 篇

建材としての木材

日本人には特に親しみのある建材

● 木材は最古の建材の1つ

人類が天然の洞窟から抜け出し、木や蔓や葉を使って雨や夜露を避け、掘立て小屋に住み始めたのはいつの頃からでしょうか。いずれにしても、建材としての木材には本当に長い歴史があります。

特に木材資源に恵まれたわが国では、優れた木造建築技術が生まれ、築後1,300年を経た今も、機能と美しさを保つ建造物があります。

● 木材の特徴と弱点、針葉樹と広葉樹

木材は森や林から比較的容易に採取できる天然素材で、かつ植林により時間はかかりますが、計画的に生産が可能な素材でもあります。軽量なのに強度があり、切断や穴あけ釘打ちといった**加工性**に優れ、任意のサイズ・形状の部材がつくれるなどといった特長があります。

また、樹種により異なる木目の美しさは、仕上げ材あるいは家具・装飾品として幅広い需要を生み出しています。そして、木材は置かれる環境へ配慮など維持管理が適切であれば、**極めて長い寿命**を保つのも優れた特長です。

一方で、天然素材ゆえに性能にバラつきがあり、湿度の高い場所では**腐朽**が避けられず、**虫害**を受けやすいという欠点があります。また**火災にも弱い**ことも大きな弱点で、大気中では270℃で着火するため260℃が木材の火災危険温度とされています。

建材として使われる樹木は、針葉樹と広葉樹に分けられます。針葉樹は軟木類とも呼ばれ、**杉・ヒノキ**が代表格で、長い直線材がとれ加工が容易なため、構造材や板材として幅広く使われます。

これに対し、**ケヤキ**などの広葉樹は硬木類と呼ばれ、一般的に材質が硬く傷がつ

きにくいために、床材や建具・家具などに利用されています。**バルサ**や**キリ**など非常に柔らかい例外もあります。

●2種類の構造体

構造体に木材を使う場合、大きく**軸組構造**と**壁式構造**とに分けられます。湿度の高い日本では柱・梁・桁などで構成される風通しの良い軸組式が発達したのに対し、欧米ではログハウスや**2×4（ツーバイフォー）**建築など保温性の高い壁式構造が多く採用されています。

日本でも最近、木造住宅の2×4工法は枠組み壁構法とも言い、壁式構造に分類できます。また築1,200年以上とされる正倉院正倉の校倉造りは、壁式構造と軸組構造を組み合わせた構造です。

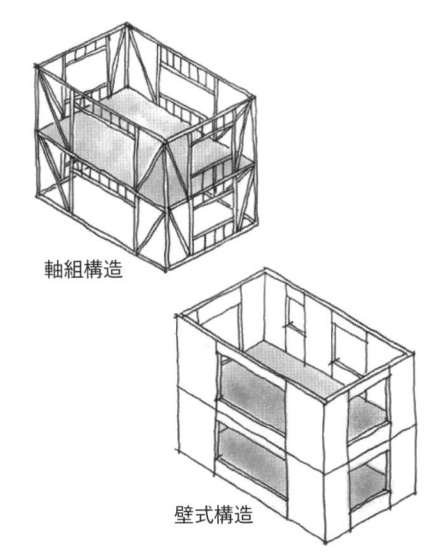

軸組構造

壁式構造

［図1］軸組構造と壁式構造

［図2］正倉院正倉

（出典：Wikimedia Commons）

02

木材の成り立ちと劣化
生物材料ゆえの性質と味わい

● 木材の断面構成

木材の断面は、大きく樹皮・木部・髄（樹心）に分けられます。

針葉樹では、樹皮のすぐ下の形成層の細胞が分裂し成長していきます。春から夏にかけ、内側に成長した細胞は水を吸い上げる**仮導管**となって樹体を支え、外に成長したものは樹皮となります。この時期に形成された細胞は大きく、密度としては低いので、断面は柔らかく白っぽいものになり、春材（早材）と呼ばれます。

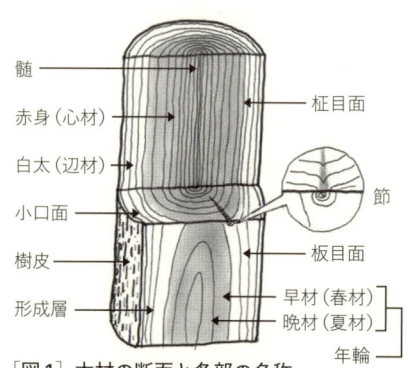

髄
赤身（心材）
白太（辺材）
小口面
樹皮
形成層
柾目面
節
板目面
早材（春材）
晩材（夏材）
年輪

[図1] 木材の断面と各部の名称

晩夏から秋へは細胞の成長速度が落ち、密度が高く硬い秋材（晩材）となり、この繰り返しが年輪をつくります。針葉樹より進化した広葉樹では、仮導管に代わり太い導管が水を運び、別の木質組織が樹体を支えています。

● 木材の主要成分

木材の主要成分はセルロース・ヘミセルロース・リグニンと呼ばれる3種類の天然高分子で、これらが組成の90%を占めます。40〜50%を占める**セルロース**はブドウ糖の高分子で、これが数十本の束になったミクロフィブリル[図2]が細胞壁をつくり、樹体を支えています。15〜30%を占めるヘミセルロースはミクロフィブリルを網目状に囲んでいます。リグニンは複雑な組織を持つ高分子で18〜35%を占め、細胞同士を固める接着剤的な役目を果たしているとされます。

このように、木材は生物材料なので、様々な要因で傷んだり劣化したりします。そ

の主なものを挙げ、対策を
考えてみましょう。

● 腐朽

木材は湿度が高い環境に
置かれると、カビやキノコ
状の菌類が繁殖し腐食し
ます。菌の繁殖には、①養
分、②湿気、③適度な温度
の存在が条件なので、腐朽
防止対策としては特に②
と③の排除、すなわち水分

二次壁内層
二次壁中層
二次壁外層
細胞間膜・一次壁
ミクロフィブリルのイメージ
細胞壁構造
150〜200μm
仮導管のイメージ
セルロース
リグニン
ヘミセルロース

［図2］ミクロフィブリル模式図

の染み込み防止と換気が重要ということになります。木造住宅では床下や浴室・
台所などは注意が必要です。
菌類の代表的なものは木質腐朽菌で、ヒラタケが知られています。木材成分のセ
ルロースを養分として分解し、処理の難しいリグニンも分解する能力があります。

● 変色と風化

木材は長期間屋外に置かれると油分が発散して光沢が低下し、ついには灰白色に
なり、軟質部はやせていきます。変色の原因は、木材の色をつくるリグニンが紫外
線により分解され、雨で溶出し脱色するからと考えられます。接着役のリグニン
が流れ出すと、木質部を形成するセルロースは支えを失い表層から剥落し、木材
表面は粗くなります。するとさらに深部に紫外線が侵入して光劣化が進み、この
循環が木材の風化を進めていきます。
従って木材の風化対策は、被膜で紫外線から守る塗装・板金などが有効です。ま
たリグニンは光に敏感なので、屋内でも光分解の影響を受け、樹種によっては濃い
色に変色します。手入れが行き届いた古い木造建築で、あめ色に輝く柱や廊下の
床を見ることがありますが、この影響と長年の拭き上げなどの手入れの賜物です。

木材の虫害
資産価値さえ損なう

● 虫害（シロアリ）

木材は昆虫類に食べられるという欠点を持っています。

特に住宅のシロアリに被害は多発しており、火災発生率の320倍にも上るという調査もあります。

シロアリは分類学的にはゴキブリの仲間（ゴキブリ目）とされ、数万〜数百万匹以上のコロニーで集団生活する社会性昆虫です。わが国で家屋に被害を及ぼすシロアリは主に3種類とされています。

一度シロアリ被害にあった住宅は「瑕疵物件」とされ、資産価値を下げることになるのですが、被害はまったく目立たずに進むことが多く、気が付いたときには取り返しのつかない状態になることもあります。

● シロアリの種類

①イエシロアリ

関東以西の暖かい地域に住み、同じ土壌性でも新材を好んで食べ、食欲も旺盛なので要注意です。水を運んで材料を湿らせて食べるという能力があり、活動範囲も広く2階にも及びます。

②ヤマトシロアリ

日本全土に見られ、シロアリ被害の8〜9割の原因となっています。

土の中に巣をつくり（土壌性）、浴室や床下など湿った環境を好み、湿った木材を食べるので、床上1メートル以内に被害が集中します。

③アメリカカンザイシロアリ

輸入木材や輸入家具に入って渡来したと考えられる外来種で、乾材の文字通り乾燥状態を好むシロアリです。水分を必要としないので土中には住まず、木材中に

巣をつくり、屋根裏を含め家屋のあらゆる木材を食い荒らし空洞化させます。
アメリカでは、このシロアリの被害により家屋の倒壊事故も報告されているほど
強力な破壊力を秘めています。

● シロアリの兆候はどう見つける？

シロアリは、女王アリ・王アリ・働きアリ・兵アリなどの階級からなるコロニー
をつくるので、木材の面に小さな穴や粉状の盛り上がりを見つけたら、シロアリの
出入り口や糞の可能性があります。

またシロアリは4～7月頃、勢力拡大のため羽アリが飛び出します。

木材面に小さな穴や粉状のもの、あるいは羽アリを見つけたら、ただちに信頼でき
る専門業者に相談することをお勧めします。

シロアリ駆除はその種類によって方法が異なり、素人で対応できるものではあり
ません。

①イエシロアリ

・頭部は卵型、体長の約3分
　の1の長さ
・触れると乳白色の液体（防
　御物質）を出す

②ヤマトシロアリ

・頭部はほぼ円筒形体長の
　約2分の1の長さ
・触れても乳白色の液は出さ
　ない

③アメリカカンザイシロアリ

・頭部はヤマトシロアリに似るが、
　体長が約2倍
・頭部が体長の約3分の1
・触角基部から3番目の関節が長大
・乳白色の液体は出さない

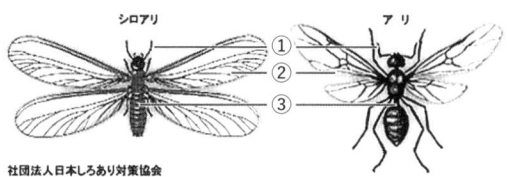

社団法人日本しろあり対策協会

（出典：公益社団法人日本しろあり対策協会ウェブサイト）

① シロアリの触角は真珠のネックレスの
　ように数珠状、アリのは「く」の字型
② シロアリは4枚の翔がほぼ同形同サイ
　ズだが、アリは前翅が後翅より大きい
③ シロアリの腰にくびれはないが、アリ
　の腰は細くくびれている

［図］各シロアリの兵アリの特長とシロアリとアリの見分け方

木材の劣化保護対策
乾燥や風通し

● **防腐・防虫のいろいろ**

木造建築の劣化防止はどうすべきかを考えてみましょう。

腐食やシロアリから木材を守るために、まずは**乾燥と風通し**の良い環境が重要です。屋内であれば水回りなどの部屋は積極的な換気が欠かせませんし、床下をビニールフィルムなどで防湿処理し土間コンクリートにしたり、炭を敷き詰めたりするのも有効です。

土台や床下に使われる木材に、**防腐処理や防蟻処理**をしたものを使うことも効果的です。処理は木材に薬剤を加圧注入したり、薬液中に浸潤させたりするもので、一定の効果があるとされています。

建物ができた後にこれらの処理を行うのは難しく、可能であっても作業は塗布や部分的な注入に限られるので、完全な効果は期待しにくいのです。

組み立て後の木材表面に被膜をつくり、湿気対策とすることもあります。日本古来の**漆塗り**はその代表的なものですが、ほかにも通常のペイント塗装やワニス塗りなど塗膜による保護も広く行われています。

● **あえて焼くことが防火対策?**

木の最大の弱点である火災に対しての対応は限られます。

ですが意外なことに、木材には表面を少し焼いて炭化させると着火しにくく防腐・防虫にも効果がある、という性質があります。

この性質を利用した伝統工法が、

（出典：倉吉市ウェブサイト）

［図1］焼杉壁の例（鳥取県倉吉市の白壁土蔵群）

主に西日本地域の住宅や蔵に見られる**焼杉板**で、外壁の下見板に表面を焼いた杉板を使います［図1］。

現在も時折この方法で外装を行う建物があり、始めは触れると手が真っ黒になるほどですが、風雨に曝され表面の炭が落ちると、やがてスギの木目が浮き出し味わいのある外壁になります。

● 表面保護と変形防止

寺社建築などでは軒先の垂木の先端（木口）が、金属で覆われていることがあります［図2］。垂木金具と呼ばれるもので、意匠的な狙いもありますが、湿気を吸いやすく割れやすい木口を守ることが大きな目的です。木口だけを白く塗装する場合もありますが、同じ目的です。昔は胡粉という顔料が使われていましたが、現在は白いペイントで代用することもあります。

梁や手摺りの先端、柱の足元などが部分的に金属で覆われるのも同じ目的です。

［図2］金具のついた古い木造建築の例 （筆者撮影）

木質材料
スライスや砕いたものを再構成

● 木材を細分化し再構成して使う

木材は、スライスしたり砕いたりしたものを接着剤などで再構成して使うことも
できます。木材の性能の限界や欠点を補い、今まで建材として使えない端材や規
格外材を生かせる環境配慮型の建材といえます。一方、接着剤に含まれる**ホルム
アルデヒド**による人体への影響には、まだ十分な注意が必要とされています。

● 集成材 (Laminated Wood)

ひき板や小角材を、木目を同じ方向にして接着し一体化したもので、構造用や内
装造作材として使われます。特に構造材としては、天然材では不可能な大断面や
大スパンにも対応でき、天然材の欠点である品質のバラつきを減らし、経年変形
が少ないなどの特長があります。アーチ形などの曲線加工が可能で、また防火処
理をすることで高層建物の構造などにも適用できるため木材の活用範囲を大きく
広げる加工技術といえます。北米産のカラマツやベイマツ、国産のスギなどが多
く使われます。

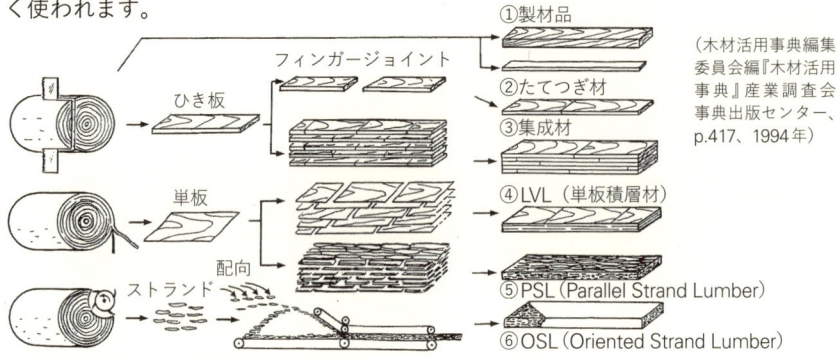

（木材活用事典編集
委員会編『木材活用
事典』産業調査会
事典出版センター、
p.417、1994 年）

[図1] 代表的な木質軸材料の製造工程

● 単板積層材（LVL : Laminated Veneer Lumber）

料理のカツラ剥きのように、原木丸太を回転させながら数ミリの厚さにスライスした単板を、繊維方向を揃えて重ね接着したものです。無垢材のもつ節の影響を減らし、長尺の板材や湾曲した部材の製造が可能になります。
熱帯アジア産広葉樹や北米産カラマツなど様々な樹種が使われます。

● 合板（Plywood）

ベニヤ板の名前で親しまれていますが、もともとベニヤ（veneer）とは単板のことで、単板を接着剤で重ね合わせたものが合板です。LVL とは異なり繊維方向を1枚ごとに直交させてつくられます。壁・天井・床の下地材として広く使われる普通合板のほか、表面に化粧加工した特殊合板や、耐力の必要な壁に使う構造用合板、コンクリート工事用の型枠用合板（コンパネ）などがあります。
接着剤が水に弱いので、水がかかる場所では耐水処理が必要です。

● PSL（Parallel Strand Lumber）

単板を繊維方向に細かく（長さ60〜250mm）切削し、方向を揃えて接着剤で圧着したものです。節や割れなどの影響が排除されるので構造信頼性が高くなり、大きさや形状の自由度が高いので、大断面構造用集成材にも適用されます。

● OSL（Oriented Strand Lumber）

PSLより短い長さ30mm程度の切削片を用いて圧縮接着したもので、配向性はPSLよりは低くなります。原木の利用率が高くなるので環境配慮型の製品といえます。
また、繊維を各層ごとに直交させ板状に圧着したOSB（Oriented Strand Board）は、2×4工法用の合板として使われています。

*

木材のぬくもりを生かし、木材資源の有効利用につながる木質材料には、このほかにも多くの製品があります。一般的には接着剤が水に弱いので、使用にあたって配慮が必要であり、当然ながら防火対策も欠かせません。

古い教会から楽器?

　木材の優れた長寿性を示す話があります。

　ギターという楽器は、ほかの弦楽器同様に複数種の木材を組み合わせてつくられており、その材質が音色に大きく影響します。それは木材の良否で決まると言われるほどで、製作者は木材の選定には非常に気を配ります。

　弦の振動を増幅する表面板には、スプルース（カラマツ）やマツなど柔らかい樹種の板が使われます。胴体の背板と側板は、振動する表面板を支え共鳴させるために、硬く乾燥した板材が好まれ、ブラジル産のハカランダ（ジャカランダ）が最高の材料とされています。

　しかし、ハカランダは1992年に発効したワシントン条約により伐採や輸出が規制されてしまいます。代替材も最近は良材が少なく、生育には長い時間がかかるので、仕入れには非常に苦労しているのだそうです。

　そこで、ある著名なクラシックギター製作者は、ヨーロッパの古い教会などが解体された際に発生する古材に目をつけました。何百年も前に建てられた教会建築は、当時の為政者の権威の象徴でもあり、植民地から運ばせた太くて硬い材木が使われています。その中には楽器製作に使える樹種もあり、乾燥も十分なので製材後すぐに使えるのでおあつらえ向きというわけです。

　彼は、ロンドンなど教会の多い地域に情報ネットワークを張り、古い教会の解体情報があると直ちに現地に飛んで、古材を品定めして引き取るのだそうです。何世紀もの間、人々の精神的な支えとなってきた教会が、解体された後は楽器に姿を変え、美しい響きで再び人々の心を慰めてくれる——木材とは、なんと素晴らしい力をもっているのでしょうか。

5

セラミックス 篇

01 ———————————

建材としてのレンガ
レンガ・瓦・タイル・衛生陶器

● セラミックスは粘土の焼き物
土や粘土を適度な水分などを混ぜて成形し、焼成したものをセラミックスあるい
は粘土焼成材料といい、建築材料では**レンガ・瓦・タイル・衛生陶器**などが該当
します。
これらの建材は硬くて強い、**耐水性・耐火性・耐久性が高い**といった共通の特性を
備えています。セラミックスは素地原料や焼成温度によって土器・陶器・せっ器・
磁器の4種に分類されます。焼成温度が高いほど材質は緻密になり、吸水率が低く、
硬くて強い製品ということができます。

● レンガはなぜ赤い？
現在も建材として使用される土器製品の1つにレンガがあります。
レンガとは、鉄分などの不純物を含んだ粘土を成形し焼成したもので、酸化鉄の
影響でおなじみの赤いレンガ色に発色します。
海外ではレンガ造りの構造用材料として使用されますが、日本では耐震性の問題
から、ほぼ意匠的な用途に限られています。
一般的に使われる普通レンガは210×100×60mmが標準サイズ（全形・おなま）
で、これを補うようかん・七五・半ますなどの変形サイズも用意されています。
外壁・内装・暖炉、門柱や塀などに広く利用されますが、特に外部では積みモルタ
ル中の炭酸カルシウムの影響で、部分的に白く汚れたり（エフロレッセンス）、
カビなど微生物や汚れの付着で黒く変色する例が多くあります。
いずれもレンガの特徴の多孔質性と吸水性に関接的な原因がありますが、古い伝
統をもつ建材ならではの味わいでもあり、そのまま放置することが多いようです。

● 舗道レンガと耐火レンガ

舗道や建物屋上の舗装に敷く舗道レンガは、普通レンガより高温で焼成され、より耐久性・耐水性・耐摩耗性が高くなっています。

耐火レンガは、煙道・高温炉の内張など特殊用途に使用されますが、材質や製法は普通レンガとは異なり、例えば一度焼成した材料を粉砕し再成形して、高温で焼成するなどの手間をかけて製造されます。

［表］セラミックス製建材の分類と特性など

種類	製品例	焼成温度	吸水性	その他の特性
土器	粘土瓦、レンガ、土管	約800℃	大	有色（灰色、褐色）、不透明、多孔質、強度や硬度が低い
陶器	釉薬瓦、外装タイル、内装タイル、衛生陶器	約100℃	大	有色、不透明、多孔質、叩くと濁音がする
せっ器	粘土瓦（耐寒）、テラコッタ、舗道レンガ、内外装タイル、床タイル、陶管	約1,200℃	小	有色、不透明、多孔質、叩くと清音がする
磁器	内外装タイル、床タイル、モザイクタイル、衛生陶器	約1,450℃	なし	白色、透光性が有り緻密で硬い。強度が大きく、叩くと金属音がする

和瓦
ニッポンの美しい甍屋根

● 和瓦の分類と特長

粘土瓦は大きく和瓦（日本瓦）と洋瓦に分けられ、焼成方法によって釉薬瓦・いぶし瓦・無釉瓦に分類されます。いぶし瓦は、焼成の最終段階でスモーク（燻化）し、炭素を付着させて銀色の色を出す製法ですが、近年は耐水性に優れる釉薬瓦が主流です。

和瓦の屋根は防火性・対候性が高く、瓦の下に空気層があることで断熱性や通気性にも優れた屋根工法といえます。

● 和瓦の歴史と現在

和瓦の技術は、6世紀頃朝鮮半島を経て伝わったとされ、宮殿・城郭や寺社など高級建築にまず使われました。やがて地方に国分寺が設置されるのに伴い、各地に瓦生産技術が普及し、徐々に一般家屋にも浸透したとされています。

基本は平瓦と丸瓦を上下に組み合わせて葺く工法でしたが、やがて両者を一体化させた桟瓦が開発され、重要が広がりました。風格や落ち着きのある和瓦は、現在も戸建て住宅などに根強い需要があり、多様なデザイン・材質・工法の製品が提供されています。

近年は、桟瓦をルーフィングの上に取り付けた瓦桟に引っ掛け釘で止める、桟瓦葺きが主流のようです。

● 代表的な産地

和瓦はよく産地名で呼ばれており、**いぶし瓦では遠州・三州・京瓦**など、**釉薬瓦では能登・石見**などが有名です。その釉薬瓦も、最近は大工場でトンネル窯を使って大量生産されており、地方色がやや薄れてきています。

● 和瓦の劣化とトラブル

瓦葺きの弱点はその重さです。大きな地震時に屋根瓦の重量は木造軸組みに対し相当の負荷になり、瓦自体も動いたりずれたりします。

古い建築では、棟や壁との取り合いなどに、瓦の固定のため粘土が詰められており、封をするように漆喰が塗られます。この漆喰や粘土が地震でひび割れ、風雨に曝されて粘土の一部が脱落すると、雨が染み込みやがて雨漏りにつながります。

雨漏りまで進んでいなくても、下地の木部が腐食し始めていることもあります。

他にも割れたりずれたりしている瓦があれば、同じ危険があります。

とくに築年数を経た瓦葺きの建物では、屋根面の点検は重要です。

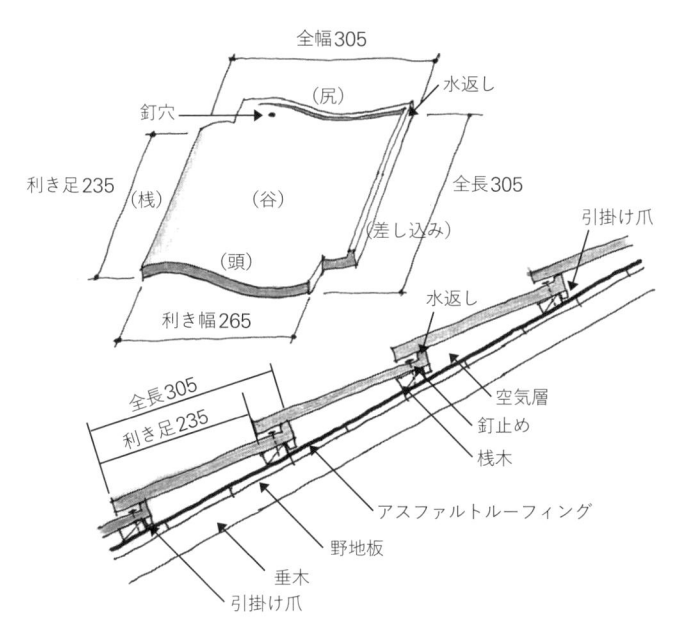

[図] 桟瓦各部の名称と葺き方の例

洋瓦
ハイカラな雰囲気を演出

───────────────────────────────────────

● 種類の多さゆえのリスク

洋瓦はその断面の形状によって**F形・スパニッシュ形・S形**といった種類に分かれます。海外産の洋瓦では素焼き（無釉）の製品もありますが、国産洋瓦は日本の風土に合わせて耐水性に優れた釉薬瓦が多いようです。

その結果、色彩と形状のバリエーションが増え、洋瓦の魅力の1つになっています。一方、製造品種の多さは時間が経つと廃番や生産中止につながり、屋根の故障時に部分的な交換が難しくなるリスクもあります。一定数量の屋根に採用する場合、若干のストックをもつなど、メンテナンス時の対応を考慮したいものです。

● F形瓦（フランス瓦、平瓦）

山谷の少ないフラットな形が特徴の瓦で、すっきりとしたデザインの西洋風建築によく合う瓦です。その反面、他の形状よりやや水が吹き込みやすいので、排水機構をしっかりさせる必要があります。

明治初期の横浜でフランス人が、外国人居留地の洋館に合う瓦の製造を始めたのがこの形で、国産初の洋瓦と言われています。以後、これをベースに多くの瓦メーカーがこのタイプの瓦を和瓦と並行して製造しています。

FはフランスのF、あるいはフラットに由来との両説があります。

● スパニッシュ瓦

ヨーロッパで古くから使われる瓦で、地中海風デザインの建物の屋根には欠かせません。テーパー状半円筒の瓦が山と谷に組み合わされ、リズミカルで印象的な屋根面を生み出します。日本には、大正時代にスペインから輸入されました。

●S形瓦

スパニッシュ瓦をベースとして日本でつくられた洋瓦で、雨量の差への適応や、木造に合わせた軽量化を実現しました。

重量のかさむスパニッシュ瓦に日本独自の工夫が加えられ、山と谷2枚の瓦を断面がS形の1枚にして成形した結果、施工性・防水性が大きく向上しました。

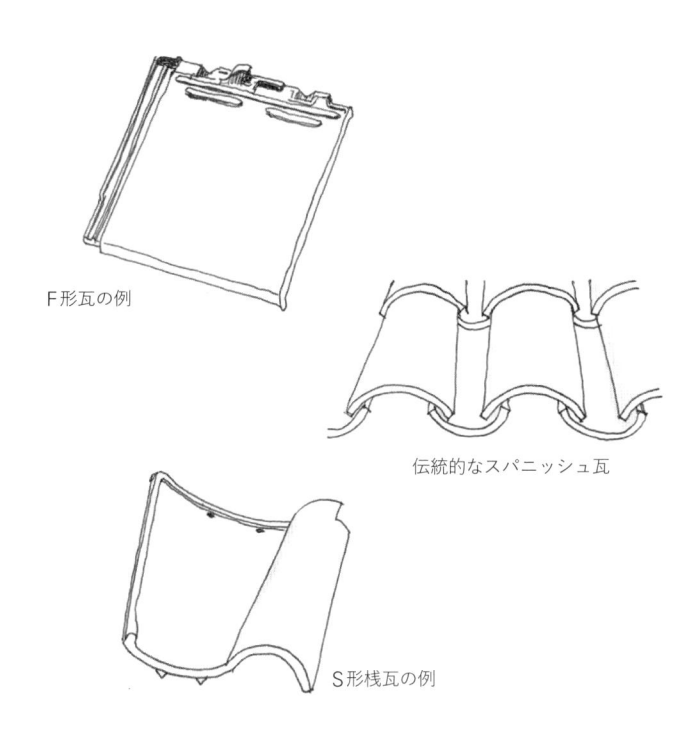

F形瓦の例

伝統的なスパニッシュ瓦

S形桟瓦の例

［図］洋瓦のイメージ——F形・スパニッシュ・S形

1 コンクリート篇

2 プラスチック篇

3 金属篇

4 木材篇

5 セラミックス篇

6 その他篇

タイル（1）分類
セラミック製品に限定

● タイルとは

タイルと言えば、広義には壁・床を保護し装飾するため多数張り付ける板状のものを指しますが、ここでは粘土などを焼成したセラミック製品のタイルに限定して述べたいと思います。

日本には6世紀に仏教伝来と同時に寺院の装飾用として伝わったとされ、歴史の古い建材です。

［表］タイルの分類

生地による分類	
磁器質	素地が緻密で硬く、吸水性が低い（吸水率1%以下） 叩くと澄んだ音がする
せっ器質	素地は硬く、吸水性は中程度（吸水率5%以下）
陶器質	素地は多孔質で吸水性が高い（吸水率22%以下） 叩くと濁った音がする
用途による分類	
内装タイル	建築物の内壁に使用され、一般には寸法精度の高い陶器質のものがほとんど。寒冷地の凍害防止用として磁器質またはせっ器質のものもある
外装タイル	建物の外壁に用いられるタイルは、高強度で吸水率が低く、耐候性・耐久性に優れている磁器質およびせっ器質のもの
床タイル	耐摩耗性が要求されるため、磁器質およびせっ器質のものが用いられる
モザイクタイル	内・外壁の壁・床に用いられ、材質は磁器質。平物1枚の表面積が50㎠以下と小さく、通常、台紙張りされてユニットタイルとして販売されている
成形方法による分類	
乾式成形タイル	粉状の原料を高圧のプレス機で成形したもの
湿気成形タイル	土練機で原料を混練し、押し出し成形したもの

（出典：一般社団法人日本タイル煉瓦工事工業会HPより）

タイル自体は硬度や耐火性が高く、美観に優れ極めて耐久性の高い材料ですが、剥落など深刻なトラブルが多い建材でもあります。

● タイルの分類と厚み

タイル製品には吸水率・釉薬の有無・成形方法・使用用途（部位）・サイズなど、様々な分類法があります。

その厚みも様々ですが、内装用やモザイクタイルでは4 〜 8mm、外装用では5 〜 15mm、床用は7 〜 20mmが多いようです。

焼き物なので、形状維持のためサイズによって最低限必要な厚みがあり、これが重さにつながり、剥落の遠因にもなっています。

● 裏足

タイルの裏面には、下地との接着力を高めるために**裏足**と呼ばれる凹凸がつくられており、厚くて重いタイルほどしっかりした裏足が用意されています。特に押し出し製法で成形されるタイルでは、アリ足と呼ばれる形状が可能で、モルタルがしっかり食い込むよう考えられています。

しかし量産される大多数のタイルはプレス成形によるものが多く、裏足はごく浅いものなので、タイルの剥離防止にあまり貢献していないように思えます。

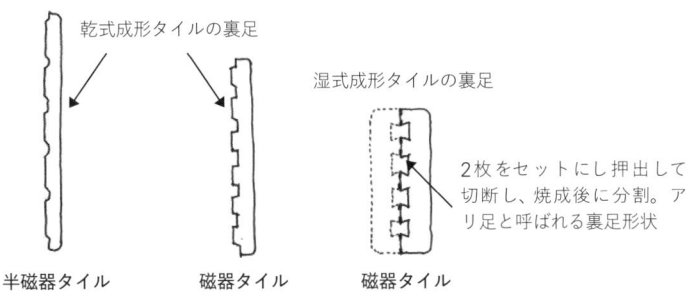

乾式成形タイルの裏足

湿式成形タイルの裏足

2枚をセットにし押出して切断し、焼成後に分割。アリ足と呼ばれる裏足形状

半磁器タイル　　　磁器タイル　　　磁器タイル

［図］タイル裏足の例

1 コンクリート 篇

2 プラスチック 篇

3 金属 篇

4 木材 篇

5 セラミックス 篇

6 その他 篇

タイル（2）施工
壁のタイルは必ず落ちる？

___

● マンションの外壁タイルの2割は危ない？

一般社団法人不動産協会のウェブサイトでは、マンションの長期修繕計画作成指針の中で、最初の大規模修繕ではタイル壁の2割程度の補修面積を見込む必要があると記されています。予算取りのためとはいえ過去のデータに裏づけられたものでもあり、実に衝撃的な大きさです。

マンションによく使われる45二丁掛けタイル（目地とも 50mm × 100mm）は 1m^2 に20枚使われますが、10年程度経つとこのうち平均4枚は補修が必要、つまり落下の危険があるというわけです。高いところにタイルの壁があり、下を人が通行する場所はたくさんありますので、とても恐ろしいデータだと思います。

なぜこんな数字になるのでしょうか？

おそらく施工段階に問題があるのは明らかですが、代表的なタイルの貼り方とその過程に発生するリスクについて見てみましょう。

● 壁タイルの張り方に潜むリスク

時代の変遷と材料の変化によりタイルの張り方は大きく変化しています。ある程度重さのある多数のタイルを、長期に安全に効率よく固定するのは、実はなかなか難しいテーマなのです。

右図に、最も多いコンクリート下地で過去と現在に採用されている代表的なタイル張り工法を4つ挙げましたが、タイル剥離の要因となりうる次のリスクが存在すると思います。

①どの張り方でも、下地とタイルの間にモルタルの層や接着剤の層が複数あり、剥離のおそれのある接着面が複数できること

②モルタル塗りや接着剤の可使時間は、天候や環境により大きく変動するが、施

工能率などが優先され厳密に守られないおそれがある

③コンクリート面のドライアウト防止に吸水調整剤を塗布することがあるが、接着剤と混同し希釈濃度を誤ることがあること

④接着剤は高分子製品であり劣化のリスクは避けられないこと

⑤タイル裏足の形状は製法やメーカーにより異なり、引っ掛かりによる接着力に差があること

⑥作業員教育やチェックリストの利用、頻繁な検査にも限界があり、最後は作業員個々の判断力や技量に頼らざるを得ないこと

①積み上げ張り（だんご張り）

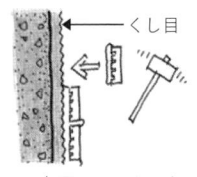

タイル裏面にモルタルをのせ、平らにならして、硬化した下地に押し付けるように張り付ける
木槌でタイル面を叩き、張り付けモルタルがタイル裏面にいきわたるようにする
最も古い張り方の一つ

②改良積み上げ張り

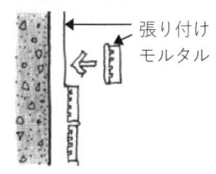

下地モルタルを 15mm 程度の厚さに塗り、硬化しないうちに張り付けモルタルを比較的薄くのせたタイルを押し付けて張る。
積み上げ張りの白華リスクを改善した工法

③圧着張り

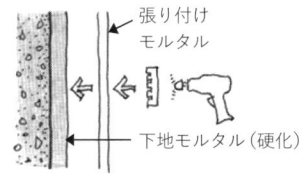

硬化した下地モルタルを面に張り付けモルタルを塗り、その上にタイルを押し付け、木槌やビブラート（振動工具）使って圧着する

④改良圧着張り

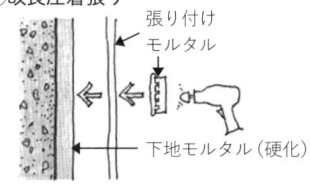

圧着張りを改良し、タイル裏面にも張り付けモルタルをのせ、圧着する
現在最も信頼性の高い工法とされている

［図］ タイル張り工法の変遷

タイル（3）トラブル

材料より、施工の問題？

● 壁タイルのトラブルの原因とは

方位にもよりますが、外壁は日間あるいは年間で大きな温度変化を受ける部位であり、仕上げ材は温度収縮を繰り返しています。

先述したように、タイル面から下地までの接着面のどこか１つにでも欠陥があれば、素材の熱膨張率の差による剥離のリスクが一気に増大します。

接着面の欠陥とは、大きく材料の問題と施工技術上の問題に分かれます。つまり適切な材料を使って、正しい手順で適切な施工が行われたかどうかですが、結論を先に言えば材料の問題より、作業者の判断ミス・作業ミスによるものが多いように思います。

● まったく悪意のないミスなのに

作業員の悪意のないちょっとしたミスでも、結果として重大なトラブルにつながるのがタイルの怖いところです。例えば、

① 下地のコンクリート面が非常に平らでツルツルなので、高圧洗浄は不要と判断して次工程に移った。

　（ツルツルでも高圧洗浄し、一皮むく必要があった）

② モルタル塗り後オープンタイムが過ぎたが、残りわずかなのでこの程度はいいか、と判断してタイルを張り続けた。

　（時間が過ぎるとモルタル表面に膜ができるので、タイル張りを続行してはいけなかった）

③ 良かれと思って**吸水調整剤**の希釈比率を濃くして塗布した。

　（希釈比率が濃いとコンクリート表面に樹脂の膜をつくる結果となり全く逆効果。薄すぎても吸水調整効果がなく下地乾燥の恐れがあるのでダメ）

……これらは、実はいずれも後日、大きなトラブルを起こしかねない判断ミスなのです。

現場では基本的にどんな作業にも手順が定められており、品質を左右するポイントも含まれています。作業員の中にはそれらの意味を理解せず、施工が徹底されていないことも現実のため、管理者側も認識しておく必要があります。

また、コンクリートのひび割れあるいは目地シールの劣化などで、タイル裏面に雨水が回れば、冬季には凍結による剥離リスクも発生します。こうしたタイルのトラブルは、雨漏り同様に竣工直後には異常がなくても、相当後になって発生することがあるので大変困る問題です。

● 重大なトラブルを未然に防ぐには

壁のタイル仕上げは、本質的にリスクが高いことを述べてきましたが、引き渡し直後に問題になることは少なく、時間の経過とともに顕在化してくるのが通常です。

管理をする際に有効な予防策としては、打診検査でタイル面の状況をチェックし、タイルの浮きや割れなどの予兆を見つけることです。足場やゴンドラなどで、人が近づける状況をつくる必要がありますが、打診作業自体は比較的簡単で、確実に異常の有無が確認できます。

なお、10年を経過したタイル張りの建物は、全面打診検査が義務化されました（特定建築物定期調査）が、これを確実に行うことが重要です。

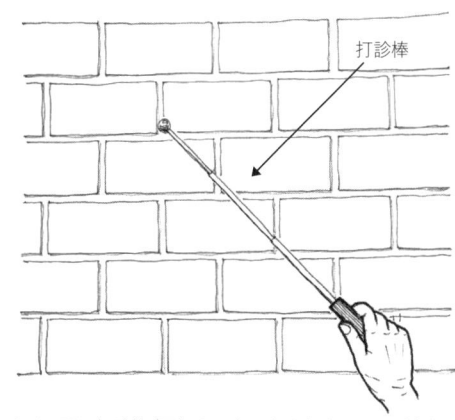

打診棒

タイル面に打診棒（回転する金属球が先端についた検査工具）を転がし、音を聴いて内部の異常の有無を判断する。裏面に空気層や接着不良個所があると、健全な部位とは異なる音がする

［図］打診検査のイメージ

タイル（4）補修方法と対策

リスクを減らす施工法

● 不良個所の補修方法

打診調査などによって確認された不良個所は、ただちに補修を行い剥離・落下の
リスクをなくす必要があります。

まず、剥離がコンクリート・下地モルタル・張りモルタルの、どの層で起きてい
るのか知るために、不良個所のタイルを数か所取り外して裏面を確認します。そ
の状況によって以下の対策を講ずることになります。

①不良個所のみ張り替え

　張りモルタルやタイルをはつり取り、新しいタイルを張り直します。接着剤を
　併用することが多いようです。

　年数が経つとまったく同じタイルが入手できず、まだら模様に色が変わるなど
　意匠的に問題になることがあるので要注意です。

②下地モルタルからやり直す

　コンクリートと下地モルタルが接着不良を起こしている場合などは、その範囲
　を下地からやり直すことになるので、かなり大掛かりな作業になることがあり
　ます。コンクリート面にひび割れなどの問題があった場合も同様で、そちらの
　処理を先行させます。

③ピンニングと接着剤注入

　はつり取らずにタイルに穿孔し、躯体に届くステンレスピンなどで固定してか
　ら接着剤を空隙に注入するという方法もあります。

　大型タイルや陶板張りの壁などはこの工法で対応します。

● 本質的な対策

タイル壁の長期的な安全は、タイル工事に関わる作業員の意識と技量によるとこ

ろが大きく、改善には限界があります。

そこで、現場でのリスクを減らす以下の工法が開発されています。

①型枠先付け工法

　コンクリート打設前に、型枠の内側にタイルを取り付け、躯体が打ち上がると同時にタイルが密着した壁ができ上がります。

②PC先付け工法

　PC工法に型枠先付け工法を組み合わせたもので、管理された工場内ですべての作業ができ、高品質なタイル壁ができます。

③乾式工法

　現場作業ですがモルタルを使わず、ピンや金具・接着剤などを併用して固定する工法です。パネル化された戸建て住宅のサイディングなどを含め、様々な応用が進んでいます。

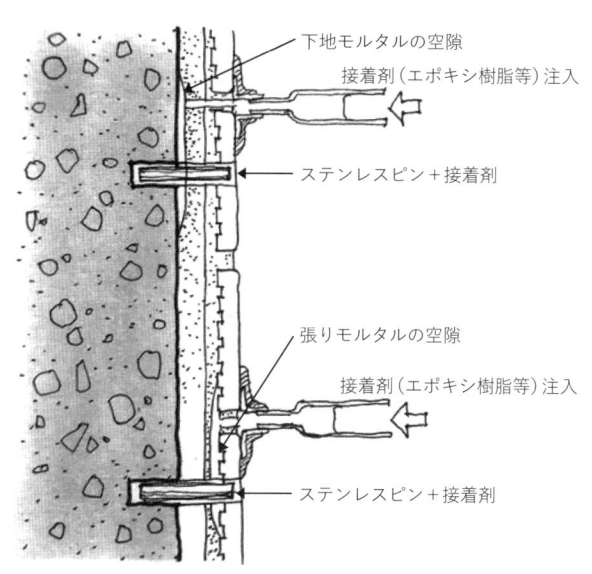

［図］ピンニングと注入による補修イメージ

和瓦の恩人たち——三州の西川半兵衛と江戸の大岡越前

　1657年、4代徳川将軍家綱の治世に、江戸の町は明暦の大火と呼ばれるすさまじい大火災に見舞われます。復興にあたり様々な施策が執り行われ、その1つが「瓦屋根の禁止」でした。火災時に屋根瓦の落下による犠牲者をなくすという触れ込みでしたが、その結果檜皮葺きや萱葺きの家が増え、皮肉にも江戸は延焼火災に悩まされるようになったのです。

　日本古来の瓦葺きは本葺き瓦といい、半円筒状の丸瓦（上丸）とやや平らな平瓦（下丸）の2種の瓦を組み合わせて葺く、重量のあるものでした。そのなか、近江三井寺の瓦師西村半兵衛は、瓦屋根を何とか軽量化し普及させたいと、ある日上丸と下丸の一体化を思いつき、試行錯誤を重ねながら、ついに現在のものに近い桟瓦の開発に成功しました。1674年のことでした。

　1716年、8代将軍吉宗が享保の改革に着手します。吉宗の信任を得て、防火対策はじめ江戸の都市政策に取り組んだのは、江戸町奉行に着任した大岡越前守忠相でした。

　ある時、目安箱に「火災防止のため瓦葺きを許可して欲しい」との投書がありました。彼はその有効性を確信し60年続いた瓦屋根禁令を解きます。おそらくその頃には軽い桟瓦が普及し始めていて、これを後押ししたことでしょう。

　大岡は高圧的なお奉行様ではなく、経済的理由で瓦屋根への変更を渋る町名主たちには気長に説得に当たり、あるいは補助金を支給するなど、手厚い対応を取ったと伝えられています。

　こうした江戸市街の不燃化への取り組みが、瓦の需要を大きく伸ばし、瓦業界の繁栄につながったのは確かなようです。

6

その他の材料 篇

石材（1）建材としての石材

日本では仕上げ材中心

● 石材の使われ方の違い

石材は硬度や耐久性に優れた建材で、ヨーロッパでは古代から構造材として活用され、1,000年以上経た現在も当時の石造構造物が機能している例があるのはご存じの通りです。地震国日本では石材は構造材ではなく、束石や礎石類など補助的に使用されるほか、薄板に加工して床や壁などの仕上げ材としての需要が中心です。

● 石材の分類

自然石材は成り立ちにより火成岩・水成岩・変成岩に分かれます。

火成岩は地中のマグマが冷え固まったもので、水成岩は砕けた岩石分や水に溶けた動植物物質が沈殿堆積したもので堆積岩とも呼ばれます。変成岩は火成岩・水成岩が地殻変動とマグマの熱の影響を受けて鉱物成分が変化（変成）したものです。それぞれが成分や産地により特徴のある石種が生まれます。

● 石材の特長と弱点

石材の特長は、**不燃性で圧縮強度が高く、耐久性・耐水性・耐摩耗性が高い**ことです。表面を磨くと、石種ごとに異なる美しい模様が現れるのも大きな特徴で、落ち着きと高級感を醸し出す仕上げとして重用されています。

弱点は引張強度が低く脆いこと、重く硬くて加工が困難なことです。また石材はあまり劣化しないと思われますが、大谷石など水成岩の一部は比較的密度が低く、外部に使用されると意外に早く風化し、表面がボロボロ落ちるようになります。

また石種によっては内部に微細な気泡や空洞があり、吸水すると濡れたように変色することがあるのも注意点です。またこの性質によりモルタルに接している場合、エフロを起こすので要注意です。

● 人造石

大理石や蛇紋岩などを砕いて種石とし、白色セメントや顔料を加えて固練り成形し、表面を研ぎ出し天然石に似せたものです。特に大理石系砕石を使ったものを**テラゾー**といい、それ以外は擬石と呼ばれます。いずれも酸や熱に弱く注意が必要です。

[表] 自然石の分類と主な特徴

分類	岩石名		主な特徴	代表的石種
火成岩	花崗岩		結晶質の石材で、硬く、美しく、耐久性に富む石材として建築物の外部を中心として最も多く用いられる。一方、硬いため加工費がかさみ、含有鉄分で錆色が出たり、耐火性にやや劣る	稲田石 黒御影
	安山岩		噴出した火成岩で、組成鉱物は斜長石・角閃石などで硬く、色調は灰褐色のものが多く、光沢がない。組成によりいくつかの種類があり、花崗岩に似た色と斑紋をもつ美しいものがある	鉄平石
水成岩（堆積岩）	石灰岩		大部分が炭酸カルシウムからなる岩石で、炭酸石灰質の殻をもつ生物の化石や海水中の成分が沈殿したもの。加工しやすい反面強度などがやや劣るので内装壁・床の使用が中心	ライムストーン トラバーチン
	砂岩		種々の岩石が粗粒となり水中に堆積し膠結したもので、安山岩と凝灰岩の中間の強度をもち、耐火性が高く酸にも強い。吸水率の高いものは、外装に採用すると凍害・汚れや苔に要注意	インド砂岩
	凝灰岩		噴出した火山岩・砂・岩塊片などの火山噴出物が水中あるいは陸上に堆積して凝固したもので、層状または塊状で存在する。採石・加工が容易な軟石で古くから親しまれている	大谷石
	粘板岩		通称「スレート」と呼ばれ、古生層や中生層で凝固した水成岩で、均一で非結晶質の板状組織をもつ。曲げ強度をもつことから屋根材にも使われる	玄昌石
変成岩	大理石		中国雲南省大理府で産出する石材の呼称だが、蛇紋岩を含む装飾性に富む結晶質石灰岩の総称になっている。美しく加工しやすい軟石だが、酸性雨に弱いので外部使用が要注意	オニックス 蛇紋岩

（大理石以外の出典：産総研地質調査総合センター「地質標本鑑賞会」ウェブサイトから筆者加工）

石材 (2) 施工
加工から取り付けまで

● 石材の加工

採石場で数m角に切り出された原石は、加工工場に運ばれ、用途に応じたサイズや厚さにスライスされます。海外から巨大な原石のまま輸入し、国内加工するケースもあります。

床・壁仕上げに使用される石材は、外部用では25 〜 35mm程度、室内用では20 〜 25mm程度の厚さに加工されます。表面を要求仕様に応じて磨いた後、所要寸法に切断加工されます。

海外の原産地近くの工場でスライスして研磨加工し、規格寸法にカットした量産品もあり、比較的低価格なことから人気があります。

重厚に見える仕上げですが、意外と薄いと思われる厚さではないでしょうか。その施工法を知っておくことで維持管理の必要性が理解できるのではと思います。

● 表面仕上げいろいろ

石材の表面加工は、大きく**磨きと叩き**に分けられます。

磨きはさらに本磨き・水磨きに分けられ、叩きも表面の粗さにより小叩き・ビシャン叩きなどの種類があります。

ジェットバーナー仕上げは、一度磨いた花崗岩表面を濡らしてガスバーナーで炙り、石材中の水分を爆発させて粗い表面を得る方法で、滑りにくいので屋外床仕上げなどに使われます。

最も多用される磨き仕上げは、石材独特の肌理が楽しめ、清掃も容易ですが、材質によっては濡れると滑りやすいので注意が必要です。

①湿式工法

現場での石の取り付け方法は、大きく湿式工法と乾式工法に分かれますが、壁の湿式工法は現在ほとんど使われなくなりました。

床材として石を敷く場合は、砂とセメントを使い湿式で張り付ける方法が中心です。最初に砂に少量のセメントを混ぜたもの（バサモル）を平滑に敷き詰め、その上にセメントミルクを撒いて石を載せ、木槌で叩き沈めながら所定のレベルに揃えていきます。

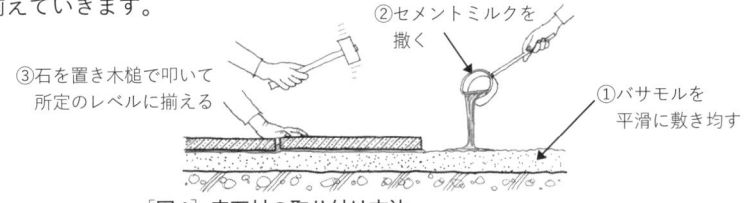

③石を置き木槌で叩いて所定のレベルに揃える

②セメントミルクを撒く

①バサモルを平滑に敷き均す

［図1］床石材の取り付け方法

②乾式工法

壁への取り付けに使われる工法で、躯体に取り付けたファスナーと呼ばれる金属部品を使って重さを支え、位置の微調整をしながら下から積み上げる形で施工します。地震時にも脱落しないよう石材の小口面に穴を掘り、ダボピンで壁に緊結する仕組みです。

目地は、金物が見えないよう最後にシールするのが一般的です。

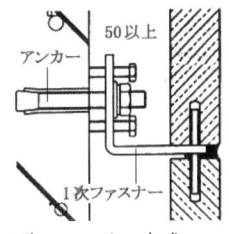

1次ファスナー方式
L字型の1次ファスナーで前後と垂直の調節を行う。張り代が50mmと少なくてすむが、精度のバラツキが大きい

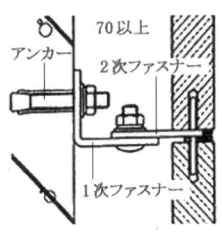

2次ファスナー方式
L字型の1次金物と平らな2次金物を使い、石は2次金物に取り付ける。張り代は70mm以上となるが、精度は安定する

［図2］壁石材の取り付け方法

（出典：全国建築石材工業会ウェブサイト）

ガラス(1) 建材としてのガラス
性能向上が著しい

● ガラスの種類と特徴

窓ガラスの歴史はローマ帝国まで遡れるそうですが、今やガラスは建物のデザインを決定づける花形建材の1つになりました。

ガラスには化学成分や製造法などにより多くの種類がありますが、建築に使われる板ガラスはソーダ石灰ガラスといい、二酸化ケイ素(SiO_2)、酸化ナトリウム(Na_2O)、酸化カルシウム(CaO)を主成分としてつくられます。透明性と表面硬度の高さ、耐薬品性や平滑性が最大の特長で、最も用途の多いガラスです。一方、衝撃で割れやすく急激な温度変化にも弱いという欠点があります。

最も多用されるのはフロートガラスなど[表]の種類ですが、近年は板ガラスを加工し、熱線反射や調光など多様な機能を付加した製品が登場し、多様な選択が可

[表] よく使われる板ガラスの種類と特徴

板ガラスの種類	製法と特徴など
フロートガラス	フロートとは板ガラス製法の名前で、溶融スズを槽に満たしその上に溶けたガラス素地を流し込んで平滑な板ガラスとする。槽から引き出されたガラス素板は徐冷されてから採板される
型板ガラス	ロールアウト法によってガラス素板を引き出す際に、片面に型ロールを使うことにより、ガラス表面に模様を施したり、不透明にしたもの
すりガラス	フロート板ガラスの片面を金剛砂で摺ってつやを消し不透明に加工したもの。光を拡散するが、すり面が汚れやすく水に濡れると透明度が増す
網入りガラス	破損した時に破片が飛散せず、また脱落しにくいようひし形の金網を封入したもの。火災や地震の際に、人身を危険から防いだり、延焼を防ぐことを必要とするビルなどの開口部に使用される
線入りガラス	金属線が平行に入っているもので、意匠的な意味合いでビルの窓などで採用されるが、防火ガラスとしては使用できない

能になっています。

また割れやすいという弱点を改善した**強化ガラス**も開発されています。板ガラスを加熱急冷することで曲げ強度が改善し、破砕後も粒状の破片になります。

形状は全く違いますがガラス繊維も重要なガラス製建材の1つです。これはいわばガラスでできた綿や糸で、溶融ガラスが細い線状に固まったものです。直径は1〜30μm、繊維の長さにより短繊維（**グラスウール**）と長繊維（**グラスファイバー**）に分かれ、前者は断熱材や吸音材、後者はプラスチックなどの補強材として使われます。

● ペアガラスはとても便利

断熱性能を向上させた複層ガラス（ペアガラス）も便利な製品です。

複数（大半が2枚）のガラスを重ね、中間に乾燥空気やアルゴンガスなどを封入し、ユニットにしたものです。

結露防止などの**断熱効果や遮音性能**の向上が期待できるので、近年住宅やビルに多用されています。

フレーム付近に内蔵される調湿剤などには寿命があり、いずれ効果が薄れることが予想されるので注意が必要です。

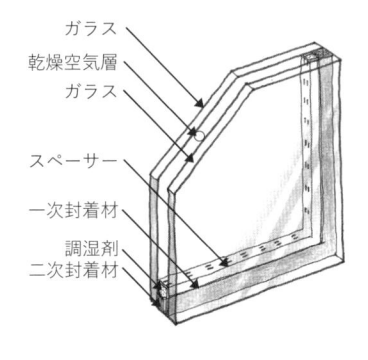

ガラス
乾燥空気層
ガラス
スペーサー
一次封着材
調湿剤
二次封着材

新国立美術館（港区六本木）
ワイングラスのようにカーブするガラスルーバー付きの壁面が印象的（筆者撮影）

［図1］複層ガラス断面イメージ　　　　［図2］ガラスで見せる建物の例

ガラス (2) トラブル
熱割れと鏡の腐食

● **熱割れはなぜ起こる？**

ガラスは比熱や熱膨張率が大きい、つまり比較的温度の影響を受けやすい材料で、**熱割れ**という独特のトラブルを起こします。

1枚のガラスの中で、日陰やサッシ枠内で冷えた部分と、日光の熱を吸熱し高温になる部分ができます。縁（へり）の低温部が熱膨張を拘束するので、結果としてガラス周辺部に引っ張り力が発生します。この力がガラスのもつエッジ強度を超えると、縁からひび割れが発生します。温度差の大きくなる熱線吸収ガラスや、金網封入時に欠陥のできやすい**網入り板ガラス（ワイヤーグラス）**は、熱割れのリスクがやや高いといわれています。

熱割れは冬場の晴天の午前中、南面での発生率が高いとされますが、これは夜間にサッシの中で冷えた縁に対し、午前に南面は日射量が最大になり、ガラス中央部は吸熱し膨張するからです。

特にカーテンや家具・段ボール箱などが、ガラス近くにぴったりくっつき、通気しにくい場所は注意して下さい。

一方、クーラーの冷風や暖房の熱風が直接ガラスに当たる場合も、同様のリスクがあります。

● **鏡のトラブル**

鏡もガラス建材の1つで、フロートガラスにまず銀膜を、次に銅膜

［図］網入り板ガラス（天窓）熱割れの事例　（筆者撮影）

を吹き付け、最後に保護塗装膜でカバーして製造されます。

浴室や洗面所など、湿度が高い場所では部分的に黒く変色した鏡をよく見かけます。これは鏡の縁から水分が侵入し、銅や銀が化学変化して腐食することで起きる現象で、**シケ**とも呼ばれます。中央部に斑点状に発生するものは、塗装膜の劣化が原因です。

水回り用の鏡は、基本的に防湿ミラーといわれるものですが、それでも長期間高湿度環境に置かれると、保護層の弱い端部から腐食が起こります。1度腐食したものは交換するしか方法がありません。

腐食を遅らせるには、鏡のある空間の換気と、鏡の縁に水分が触れないよう、枠との隙間をシールなどで塞ぐことが有効です。

［図］浴室鏡の腐食の事例

（筆者撮影）

ガラス（3）施工
シーリングを多用

━━━━━━━━━━━━━━━━━━━━━━━━━━━━━━━━━━━

● ガラスの取り付け方法

通常の外壁開口部の板ガラスは、サッシなどの枠の中に地震時に、変形しても割れないよう弾力のあるセッティングブロックを置き、一定の空間を設けてはめ込みます。

枠とのすき間は、**グレージング**（定形シーリング）や**シーリング**によって充填し、止水と固定を行います。

ガラスは運搬やはめ込み作業の際などにエッジ（切断面）に傷が付くと、熱割れリスクが増大するので、慎重な作業が求められます。

近年のビルではサッシやフレームを極力排除し、大型のガラスを使ったデザインが多く、以下のようなガラス構法も多く見られます。

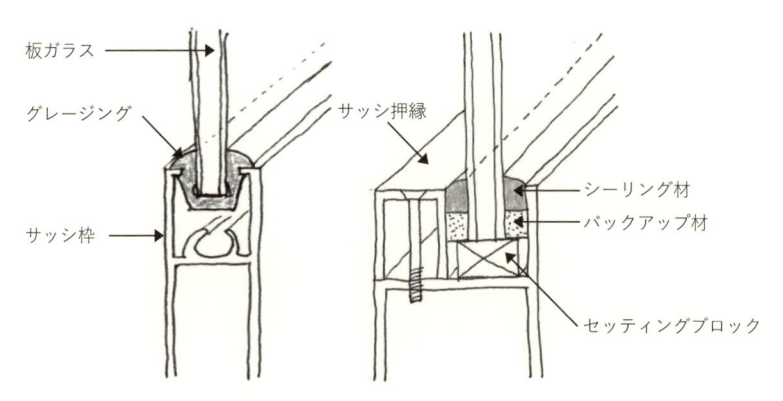

［図1］ ガラスの取り付け方法の例

●SSG構法 (Structural Sealant Glazing)

シリコーン系など強力な接着力をもつシーリング材を用いて、板ガラスを室内側に設置した金属支持部材などに直接接着する工法です。外からは、まったくガラスだけで構成された外壁面のように見えます。

文字通りシーリングをガラス壁の主要な構成材料として扱うので、シーリング材の劣化抑制が極めて重要であり、紫外線カット率の高い熱線反射ガラスが良く使われます。

●DPG工法 (Dot Point Glazing)

ガラスの四隅に穴をあけ、止め金具やワイヤーでガラスを4点で固定支持する工法です。ガラスを止めるフレームは必要なくなり、ガラス同士の接合はSSG構法と同様シーリング材の能力のみに頼ります。これらの構法は、高分子材料であるシーリングの性能に大きく依存しており、長期的にはシーリング劣化時の対応が不可欠です。

しかし、ビルを稼働させながらどのようにシーリング更新を進めるのか、首をかしげるような物件も時折見かけます。

［図2］SSG構法（左）とDPG構法（右）の例　　(筆者撮影)

ボード類（1）石膏ボードと吸音板
天井と壁でおなじみ

● あなたのそばのボード
ボード類は、室内の壁や天井の仕上げあるいは下地張りとして最も多く使われている材料です。ここでは、建材として多用されている石膏系ボードと繊維強化セメント板について記します（木質系ボードは 162 ページ、木質材料の項参照）。

● 石膏系ボード
焼石膏（半水石膏）に軽量骨材などを混ぜて水で練り固め、板状に成形してボード用厚紙でくるみ、圧縮成形したものです。

防火性能があるので建築基準法上の準防火材料に該当し、防腐性が高く吸水性も低いので耐久性にも優れています。加工性にも優れ、塗装材や接着剤との相性もいいので、仕上げ下地材としても非常に適した材料で、主に 9.5mm、12.5mm、15mm のサイズが使われています。

弱点としては、衝撃に弱く欠けやすいこと、耐水性が低いこと、ボード自体には釘やビスが効かないことなどが挙げられます。

右の表のような種類があり、用途により使い分けられています。

● 岩綿吸音板
オフィスなどの天井には、よく虫食い状の模様のあるボードが張られていますが、大半は岩綿吸音板と言われるボード建材です。岩綿を主原料として板状に成形し、表面仕上げをしたもので、吸音性・断熱性・防火性などに優れています。

空調吹き出し口周りなどには、汚れが付きやすいのですが、下地張りの石膏ボードにタッカー（ホチキス状の針）と接着剤で固定されているので、局部的な張り直しは結構面倒です。吸音性能が少し落ちますが、全面的な塗装が現実的でしょう。

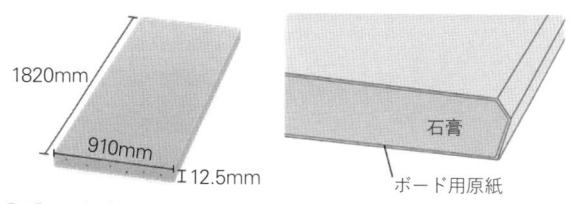

1820mm
910mm
12.5mm

石膏

ボード用原紙

［図］石膏ボードの大きさと断面 （出典：一般社団法人石膏ボード工業会ウェブサイト）

［表］石膏系ボードの種類と概要など

種類とJISの略号	概要	主用途
石膏ボード（GB-R）	石膏を芯として、その両面および長さ方向の側面をボード用原紙で被覆成形したもの	壁・天井下地防火・準耐火・遮音構造の構成材
普通硬質石膏ボード（GB-R-H）	耐衝撃性がGB-Fの約1.2倍以上、曲げ破壊荷重がGB-Rの約1.3倍以上硬質なもの	間仕切り、通路、廊下などの壁、腰壁および防・耐火・遮音各種構造体の下地材
シージング石膏ボード（GB-S）	両面のボード用厚紙および芯の石膏に防水処理を施したもので、GB-Rに比べて吸水時の強度低下が生じにくいもの	台所、洗面所など屋内の壁、天井および外壁の下地材
強化石膏ボード（GB-F）	GB-Rの芯に無機質繊維などを混入し、耐火性、耐衝撃性の向上を図ったもの	壁および天井の下地材、準耐火・耐火・遮音性構造の構成材
構造用石膏ボード（GB-St-A・B）	GB-Fの性能を保持したまま、釘側面抵抗を高めたもので、側面抵抗によって、A種およびB種がある。	耐力壁用の面材
石膏ラスボード（GB-L）	GB-Rの表面の長方形のくぼみをつけたもの	石膏プラスター塗装の下地材
化粧石膏ボード（GB-D）	GB-Rの表面を化粧加工したもの	壁および天井の仕上げ材
不燃積層石膏ボード（GB-NC）	GB-Rの表面紙を不燃性ボード用厚紙にしたもの	化粧なし 壁および天井の下地材 化粧あり 壁および天井の仕上げ材
吸放湿石膏ボード（-Hc）	GB-R、GB-Dの性能を保持したまま、吸放湿性能を約3倍に高めたもので、記号の末尾に「-Hc」を付ける。	吸放湿性能によって室内湿度を一定範囲内に保つのに適した壁、天井の下地材および仕上げ材
吸音用あなあき石膏ボード（GBV-P）	JIS A 6301に規定する石膏ボード製品中の石膏ボード（GB-R）に貫通した孔あけ加工をしたもので、裏打ち材料を張り付けることもある	天井の仕上材

（出典：一般社団法人石膏ボード工業会ウェブサイト）

07

ボード類（2）繊維強化セメント板

少し硬めのボード

● 繊維強化セメント板

繊維強化セメント板はセメントをバインダーとして、石綿以外の繊維で強化した製品の総称で、波板スレート・フレキシブル板・ケイ酸カルシウム板が代表的な製品です。

いずれも耐火性や対候性に優れ経済性も良く、性能のバランスの取れた建材として内外装の壁・天井部分などに幅広く使われています。

2004年までは**アスベスト（石綿）** を含む製品が製造されていたので、解体工事・改修工事にあたっては確認が必要です。大気汚染防止法によって事前調査やその結果の掲示、適正な工法や処分など細かい手順が定められており、存在の可能性が考えられる場合は、専門業者への相談をお勧めします。

①スレート波板

少し古めの倉庫や工場の屋根や壁、あるいは駅のホームの屋根などでおなじみの建材で、波の形状で大波・小波の2タイプがあります。軽量で丈夫で施工性が良く低価格な建材として広く普及しました。

弱点としては、経年変化で強度が下がるものがあることで、特に屋根面では時折踏み抜き事故が発生しています。

点検作業などで屋根面に上がる必要があるときは、足場板などを使い、母屋材で支持される通路を確保することが必要です。

［図1］スレート波板（小波）

②スレートボード（フレキシブル板）

以前は石綿セメント板とも呼ばれ、補強材としてアスベスト（石綿）が使用されましたが、現在はパルプや耐アルカリ性のガラス繊維が使われています。フレキと略称で呼ばれることもあります。

高い強度と靭性をもち加工性も優れているので、内装下地や間仕切り、駅舎やトンネルの内装など広範囲に使われています。厚みは主に3mm、4mm、5mm、6mmのものが使われ、塗料を施した化粧板や、吸音用の貫通穴をあけた有孔板も用意されています。

［図2］ スレートボードの使用例
　　　　（集合住宅隔て板）

③ケイ酸カルシウム板（ケイカル板）

セメント・消石灰・ケイ酸カルシウム・ガラス繊維などを混錬し、薄い板状に成形（抄造）し、高圧蒸気養生して製造されます。

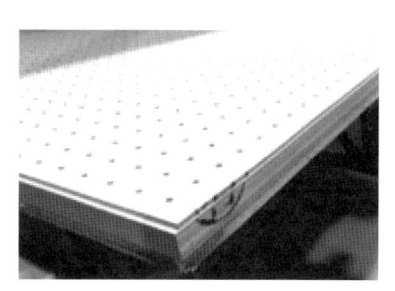

［図3］ 有孔ケイカル板

軽く加工しやすいという大きな特長があり、のこぎりが使え釘打ちも可能な扱いやすい建材です。

耐火性や遮音性も高く、耐火被覆材、遮音間仕切り材としても利用されます。一方で、耐水性は高いとはいえず、外部の雨掛かり部などへの使用には適しません。

紙
立派な建材

● 障子や照明器具

石膏ボードでは紙が重要な役割を果た
しますが、紙を単体で使う建材としてす
ぐ思い浮かぶのは、和風建築につきもの
の**障子**です。障子は木枠に和紙を張っ
た軽い建具で、視線は遮りながら光は
ある程度透過させ、柔らかい光をつくっ
てくれます。

直射日光に当たり続けると、紙に含ま
れるリグニンが紫外線などの影響で変
色し黄変するので、定期的な張り替え
が望ましいようです。

（出典：全国障子紙工業会ウェブサイト）

［図1］障子と和紙の照明器具のある部屋

和風の雰囲気を演出するために、天井などの照明器具のシェード（傘）として、和
紙製品が使われていることがあります。

電球からの発熱がこもり高温にならぬよう気をつけることと、長期的には熱や光
線の影響による変色も避けられません。

● 襖（ふすま）

襖は、和室の間仕切りや押し入れの建具として、現在でも多くの住宅に使われて
います。木などで組んだ骨組みの両面に紙や布を何枚か張り、縁や引き手を取り
付けたものは本襖と呼ばれます。障子より遮音性や保温性が少し高く、絵や柄を
付けたインテリアとしても機能し、日本画のキャンバスとしての役目も果たして
います。

汚れや破れのために襖紙を張り替える際は、片面だけ張り替えると必ず反り返るので、必ず裏面も一緒に張り替えることが必要です。

● ダン襖

木枠を使った伝統的な本襖に対し、近年は量産住宅などで**ダン襖**と呼ばれる簡便な襖が多用されています。

段ボールを3〜5層張り合わせたものを芯として、襖紙を表裏に貼ったものです。ほかの素材を下地にしたものも存在します。

基本的に襖紙の張り替えは想定しておらず、壊れたり破れたりした場合にはすべて交換が前提のようなので、注意が必要です。

段ボールは梱包材としての利用が中心ですが、実は日本では95％以上のリサイクル率をもち、エコ面では非常に優れた素材です。

最近は、軽量・断熱性・経済性といった特長を生かし、災害時の避難所の間仕切りなどでも活用され始めましたが、今後も家具や建材として活用分野が拡大していく可能性があると思います。

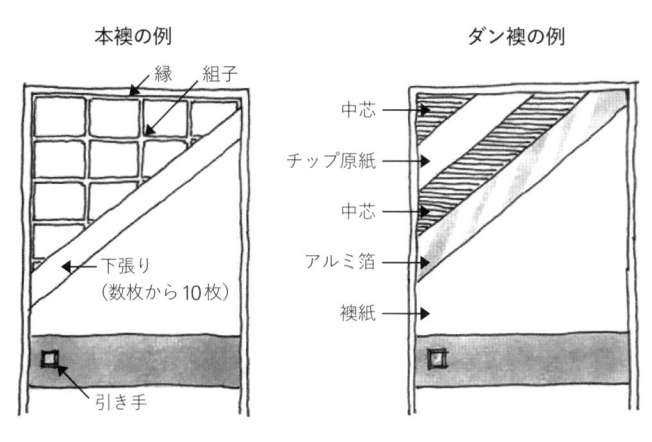

本襖の例　　　　　　　　ダン襖の例

[図2] 本襖とダン襖の構成例

おわりに

　昔の経験をたよりに建材の劣化を考える本を書く、できれば絵や写真も自分で手がける、という無謀な企てを思いついたのは2017年の春でした。

　しかし本をつくるという作業はシロートが思ったほど簡単ではなく、想像以上の時間とエネルギーを使うのだ、ということはすぐ分かりました。

　文章を書きイラストや画像をつくりまた書き直す、という作業が約2年も続きました。

　この間に、時にこけそうになる私の背中を押し、励ましていただいた多くの皆様に、心から感謝したいと思います。

　特に、50年も前のできの悪い卒業生の相談に、いやな顔を見せず補習授業を重ねて下さった東京都市大学名誉教授高岡京先生、本当にありがとうございました。

　そして出版を快く引き受けていただき、期待を超えたすてきな本に仕上げてくれた鹿島出版会の皆様にも、厚くお礼を申し上げます。

2019年4月　小林敏男

著者略歴

小林敏男（こばやし・としお）

1944年千葉県生まれ。

1967年武蔵工業大学（現東京都市大学）工学部建築学科卒業、

鹿島建設（株）東京支店にて30年間最前線で多くの建築工事に従事する。

1997年千葉営業所長、2003年東京支店次長を経て、

2004年鹿島建物総合管理（株）入社。管理業務統括、社員教育、ITC推進などに従事。

首都圏東支社長、建物管理本部本部長、専務取締役を歴任。

一級建築士、一級建築施工管理技士、労働安全コンサルタント（建築）。

基礎からわかる 建築材料と維持管理の知識

2019年5月30日　第1刷発行

著者	小林敏男
発行者	坪内文生
発行所	鹿島出版会
	〒104-0028　東京都中央区八重洲2-5-14
	電話03-6202-5200　振替00160-2-180883
印刷・製本	三美印刷
造本・装丁	北田雄一郎

©Toshio KOBAYASHI 2019, Printed in Japan
ISBN 978-4-306-03386-3 C3052

本書の内容に関するご意見・ご感想は下記までお寄せ下さい。
URL: http://www.kajima-publishing.co.jp/　　e-mail: info@kajima-publishing.co.jp